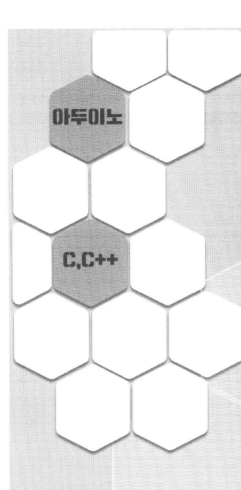
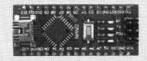

아두이노

C,C++

C언어로 제어하는 아두이노

```
for(i=0;;i+=2)
{
    a+=i;
    check(a);
}
```

C언어로 제어하는 아두이노

발　행 | 2020년 2월 24일
저　자 | 심재경, 최미애
펴낸이 | 한건희
펴낸곳 | 주식회사 부크크
출판사등록 | 2014.07.15.(제2014-16호)
주　소 | 서울특별시 금천구 가산디지털1로 119 SK트윈타워 A동 305호
전　화 | 1670-8316
이메일 | info@bookk.co.kr

ISBN | 979-11-272-9843-2

C언어로 제어하는
아두이노

심재경, 최미애 공저

목 차

본 책은 오픈소스 기반의 마이크로 컨트롤러인 아두이노와 C언어를 사전에 접해보지 못한 독자들을 대상으로 기술하였으며, C언어 기초 문법을 이해하고 아두이노를 이용한 다양한 메이커 활동을 하는데 기본이 되는 지식을 습득하는 데 도움을 주기 위한 책이다. 또한 현장에서 수업한 경험을 바탕으로 아두이노 입문에서부터 프로젝트 수행 예시까지 설명되어 있어, 입문자 뿐만 아니라 교육교재로도 활용될 수 있을 것이다.

책의 본문에도 소개되었지만 아두이노는 초보자도 손쉽게 다양한 입/출력 센서들을 연결하여 제어할 수 있도록 만들어진 보드이다. 피지컬 컴퓨팅 도구로서 중·고등학교 방과 후 클러스터 수업이나 동아리 수업 시간에도 많이 사용되고 있으며, 메이커 활동을 처음 시작하는 초심자가 다루기에 적합한 보드이다.

본 책에서는 아두이노를 이용하여 본인이 생각한 아이디어를 실제로 구현하기 위해 필수적으로 알아야 하는 아두이노의 기본 동작 방법과 아두이노를 제어하는데 필요한 프로그래밍 언어인 C언의 기본 문법들에 대하여 설명하였다. 1~5장까지는 아두이노를 이용하여 아이디어를 구현해보기 위해 기본적으로 사용되는 통합개발환경(IDE), C언어 기본 문법, 아날로그/디지털 센서에 대해 다루었고, 6~7장은 다양한 센서들을 활용하는 방법을, 8~9장은 네트워크 통신방법과 아두이노 수행 흐름을 제어하는 방법을 기술하였다. 10장은 1~9장에서 학습한 내용들을 바탕으로 구현해 볼 수 있는 프로젝트들을 예시를 들어 설명하였다.

이 책 한 권으로 아두이노를 마스터하고 프로그램 코딩을 마스터할 수는 없을 것이다. 하지만 본 책의 마지막 장을 덮을 때쯤이면 IoT 하드웨어 플랫폼을 이용한 센서 제어 방법과 메이커가 되기 위해 갖추어야 할 기본 지식을 습득할 수 있을 것이라 생각한다. 이 책의 많은 내용은 필자가 운영하는 블로그 "https://blog.naver.com/simjk98"의 내용을 수정, 보완하고 소스코드 및 설명들을 추가로 정리하여 기술하였다. 해당 블로그에는 책에 기술된 내용 외에 라즈베리파이 등 다양한 정보들이 게시되어 있으니 참고하면 도움이 될 것이다.

지문인식 금고

구성품 : 나노, 서보모터
나노확장쉴드, 조도센서
지문인식센서, 수동부저
금고프레임, 금고걸쇠

Ch10.4 지문인식 센서를 이용한 금고 만들기

```
try{
    if(a != b){
        c += b;
        get_comm(&
    }
}
```

CHAPTER 01

아두이노 그리고 C언어

1. 아두이노 소개
2. 아두이노 IDE 설치 및 확인
3. 아두이노 프로그램 구조
4. C언어 소개
5. C언어 기본 규칙

CHAPTER 1 아두이노 그리고 C언어

1.1 아두이노(Arduino) 소개

 아두이노는 오픈소스를 기반으로 한 단일보드 마이크로컨트롤러라고 정의된다. 아두이노는 회로도와 제품 구성내역까지 공개한 오픈소스 하드웨어로 회로도까지 공개되어 있으므로 누구나 아두이노 보드를 자작으로 만들 수 있다. 또한 아두이노를 제어하기 위한 통합개발 환경(IDE)을 제공하고 있어 마이크로 컨트롤러에 대한 이해가 부족한 초보자도 쉽게 접근이 가능하게 되어 있다.

 단일보드 마이크로컨트롤러란 하나의 칩 안에 CPU, memory 외에 UART, I2C, ADC, SPI등의 I/O device까지 모두 포함되어 있는 칩을 말한다. 아두이노는 이 마이크로 컨트롤러를 이용하여 주변의 전자부품이나 장비를 제어할 수 있도록 만들어 놓은 보드이다. 아두이노는 다양한 제품군이 존재한다. 우노(UNO), 듀에(DUE), 프로(Pro), 레오나르도, 나노, Mega2560등등 사용목적에 따라 다양한 제품을 골라 쓸 수 있다는 점 또한 장점이라 할 수 있다. 이 책은 Atmel사의 AVR계열 칩인 Atmega328을 사용하는 아두이노 UNO, NANO를 기본으로 하여 기술되었다.

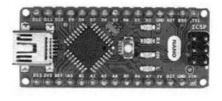

아두이노 우노   **아두이노 나노**

그림 1-1 아두이노 우노/나노 보드(이미지 출처 :arduino.cc)

1.2 아두이노 IDE(통합개발환경) 설치 및 확인

아두이노를 제어하기 위해 먼저 준비해야 할 일은 아두이노 통합개발 환경(IDE)을 설치하는 것이다. 아두이노 통합개발 환경은 작성된 프로그램을 컴파일하고, 컴파일된 실행파일(오브젝트 파일)을 아두이노에 업로드하는 역할을 수행해준다. 마이크로 컨트롤러를 제어하기 위한 실행파일을 펌웨어라고 하는데 아두이노 통합개발 환경에서 컴파일된 파일이 바로 이 펌웨어이다. 아두이노에서는 이 펌웨어를 스케치 (sketch)라고 한다. 통합개발 환경은 아두이노 홈페이지(arduino.cc)에서 프로그램을 다운로드해 설치한다. 홈페이지의 software메뉴에서 downloads를 선택하면 각 OS별 통합개발 환경 설치 파일 목록이 뜨는데, 이중 사용하고자 하는 OS에 맞는 설치파일을 선택하여 설치하면 된다.

통합개발 환경 설치가 완료되면 이제 아두이노를 연결해 보자. USB 케이블을 이용하여 프로그램을 작성하고 업로드할 PC와 아두이노를 연결한다. 우노 보드와 나노 보드의 USB 연결 케이블은 아래와 같이 차이가 있다.

우노 : USB 2.0 B 타입   나노 : USB 2.0 mini-B 타입

그림 1-2 아두이노 우노/나노 USB연결 케이블

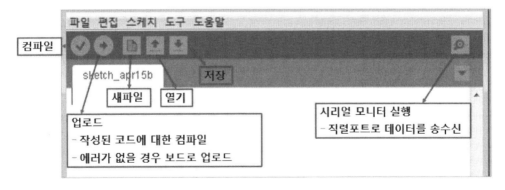

그림 1-3 통합개발환경(IDE) 실행화면 및 단축버튼 용도

개발 PC에 통합개발 환경을 설치하고, PC와 아두이노를 USB 케이블로 연결했다면, 아두이노 제어를 위한 프로그램을 작성하고 컴파일 하여 펌웨어(스케치)를 업로드하기 위한 준비는 마무리되었다. 컴파일된 스케치 파일을 아두이노에 업로드하기 위해서는 사용할 아두이노 보드와 아두이노가 연결된 포트를 지정해 주어야 한다. 보드와 포트를 선택한 후 업로드 버튼을 누르면 컴파일 및 업로드 과정이 함께 진행된다. 다음 그림은 아두이노 나노를 기준으로 보드를 선택 후 포트를 선택하는 예시를 들어보았으며 우노를 사용한다면 보드 선택 시 우노를 선택하면 된다.

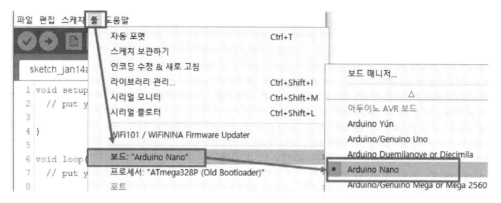

그림 1-4 아두이노 보드 선택

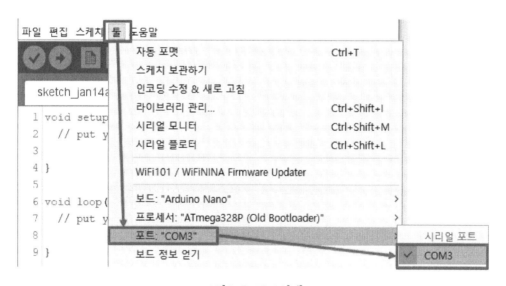

그림1-5 포트선택

이렇게 내가 사용할 보드와 포트를 선택한 후 프로그램을 업로드하면 시리얼 통신을 통해 아두이노 보드에 스케치가 업로드(저장) 되게 된다.

컴파일 PC와 아두이노가 USB를 통해 정상적으로 컴파일 및 업로드 과정이 수행되는지 확인을 위하여 예제를 실행해보자. 파일 메뉴에서 예제를 클릭한 후 Blink를 선택하면 디지털 13번핀에 연결된 나노 보드의 LED를 깜박이게 하는 프로그램이 열린다. 프로그램이 정상적으로 열린 것을 확인 후 ➡ 버튼을 누르면 컴파일 수행 및 스케치 파일 업로드가 진행된다. 정상적으로 업로드 되었다면 보드의 LED 하나가 깜빡이는 것을 확인할 수 있다.

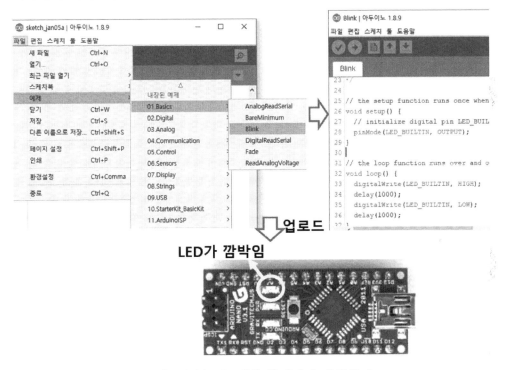

그림1-6 blank 예제 불러와서 실행하기

1-3 아두이노 프로그램 구조

IDE에서 아두이노 펌웨어인 스케치를 작성하는데 사용하는 언어는 C++ 언어를 기반으로 한다. 그러므로 아두이노를 효과적으로 제어하기 위해서는 C++ 및 C언어에 대한 기초 지식이 필요하다. 이 책에서는 아두이노를 제어하는 프로그램을 구현해가는 과정 중간중간 C언어의 기본 문법에 관한 설명도 추가하여 초보자들이 보다 쉽게 접근할 수 있도록 구성하였다.

IDE에서 새로운 프로그램을 작성을 위하여 메뉴의 "파일->새 파일"을 선택하면 새로운 스케치 작성 화면이 생성되는데 이때 기본적으로 setup() 함수와 loop() 함수가 자동으로 생성된다. 이 두 함수는 아두이노 실행에 있어 필수적으로 필요한 함수이므로 setup 혹은 loop 함수를 삭제하고 IDE에서 컴파일을 수행하면 삭제한 함수를 못 찾는다고 컴파일 에러가 발생한다.

setup 함수는 프로그램이 실행될 때 초기에 한 번만 실행되는 함수이다. 함수 이름에서 알 수 있듯이 프로그램에 필요한 항목들을 사전에 정의하는 함수라고 생각하면 된다.

loop 함수는 아두이노에 전원이 공급되는 동안 무한으로 반복되는 함수이다. 이 loop 함수 내에서 아두이노에 연결된 센서에서 취합된 데이터를 읽어오거나 제어하고자 하는 센서(액추에이터)를 동작시키는 코드를 작성하게 된다.

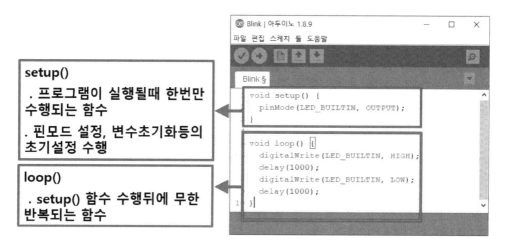

그림 1-7 스케치 프로그램 구조

※ 여기서 잠깐!! - C언어에서 함수 사용하기

스케치 작성을 위한 파일을 생성하자마자 프로그램을 처음 접한 독자들에게는 생소할 수 있는 함수라는 개념이 사용된다. 중, 고등학교 수학 시간에 접했던 1차 함수, 2차 함수가 떠오르기도 하고, y=f(x)가 생각이 나기도 할 것이다. 프로그램에서 사용되는 함수도 마찬가지 개념이다. 함수를 호출할 때 x 값을 주면 그 결과로 y 값을 되돌리는 개념이다. 단, 조금 차이는 있다. 프로그램의 함수는 되돌려 주는 값이 없을 수도 있고 되돌려주는 값이 숫자 외에도 문자, 문자열 등등 다양한 값이 될 수 있다. 그럼 C언어 함수에 대해 조금 더 알아보자.

C언어 함수

❏ C언어 함수 : 전달된 입력 값을 이용하여 요구되는 목적을 달성하기 위하여 작성된 프로그램 코드의 집합.

❏ 함수 사용 이유

   . 프로그램 전반에 걸쳐 반복적으로 사용되는 알고리즘, 블록에 대한 코드 재사용성 강화.

   . 프로그램 구조화를 통해 프로그램 가시성 확보.

   . 용도에 따라 잘 정의된 함수로 이루어진 구조적 프로그램은 에러를 수정하기도 용이함.

❏ 함수의 구성요소

   . 함수명 : 함수를 호출하기 위한 함수 이름.

   . 매개변수 : 함수 호출 시 함수에게 전달되는 데이터.

   . 함수 몸체 : 요구되는 기능을 구현한 프로그램 코드의 집합.

   . 반환값 : 함수 수행 후 반환되는 데이터의 자료형 정의.

❏ 함수 기본 구조

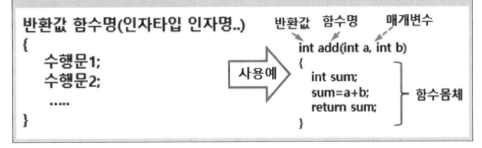

두 수의 합산을 출력하는 프로그램을 함수를 이용하여 구현한다고 가정해보자. 함수 사용을 위해서는 먼저 함수를 정의해야 하므로, 두 수를 전달받아 합을 구하여 반환하는 add라는 함수를 정의한다. main 함수에서 3과 4의 합산을 출력하고 싶

을 때는 add 함수에 매개변수로 3과 4를 전달하면, add 함수는 두 수의 합인 7을 반환하고 프로그램에서는 그 반환값을 출력해 주면 된다.

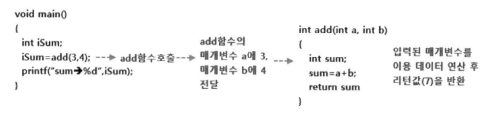

그림1-8 C언어 함수 호출 예시

앞에서 아두이노의 기본 함수라고 설명한 setup 함수와 loop 함수는 반환값이 void라고 정의되어 있다. 이 void라는 의미는 반환값이 없다는 의미이다.

1.4 C언어 소개

 C언어는 1972년 벨연구소의 켄 톰슨과 데니스 리치에 의해 Unix OS 개발을 위해 만들어진 언어다. 무려 50년 가까이 지난 언어임에도 Unix 및 리눅스의 OS개발에 사용되고 있고 C++, C#등 파생 언어들이 나오기도 했지만, 여전히 프로그래밍 언어 사용 순위 Top 5에 랭크되어 있는 언어이다. 아두이노 스케치의 경우 C와 C++ 언어를 지원한다.

1.5 C언어의 기본 규칙

 아두이노 스케치를 구현하기 위하여 C나 C++의 문법에 통달할 필요는 없다. 사용되는 문법들이 제한적이며 센서를 제어하기 위한 라이브러리가 다양하게 제공되기 때문이다. 그렇다고 하더라도 C언어에 대한 기본 지식이 부족하면 효율적인 프로그램을 작성하거나 센서 제어 과정에서 나올 수 있는 여러 가지 이슈들을 해결하는데 어려움을 느낄 수 있다. 이 책에서는 아두이노를 제어하기 위한 기본적인 C언어 문법에 대해 기술하여 프로그램 작성에 이해를 돕고자 한다.
C언어를 이용하여 프로그램을 작성하기 위해 기본적으로 알아야 할 기본 문법 규칙은 다음과 같다.

 ❏ C프로그램은 main함수에서 시작하여 종료하므로 main 함수가 있어야 한다.

☐ 블록(함수포함)의 시작과 끝은 "{"와 "}"를 사용하여 블록의 시작과 끝을 표시하여야 한다.

☐ 수행문장의 마지막에는 ";"를 입력하여 문장이 종료되었음을 표시한다.

☐ 변수/함수명(식별자)의 명명 규칙

. 변수/함수명은 숫자, 영어 그리고 "_"로 이루어져야 한다.

. 첫 문자에는 숫자가 올 수 없으며 영문 혹은 "_"문자로 시작하여야 한다.

. 대/소문자를 구분한다.

. 변수/함수명은 C언어 예약어와 동일한 이름으로 만들 수 없다

☐ #문자로 시작하는 전처리기 기능이 있어 특정 파일을 포함(include), 조건부 컴파일, 매크로 정의(define) 등을 수행할 수 있다.

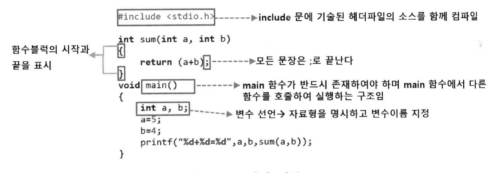

그림 1-9 C언어 기본 구조

※ 앞서 살펴보았던 아두이노 스케치 프로그램의 구조에서 보면 setup, loop함수는 기본적으로 사용되지만 main 함수를 사용하지는 않는다. 그럼 아두이노 스케치 프로그램에서는 main 함수가 없는 걸까? 그렇지 않다. 윈도우 PC환경의 경우, 아두이노를 설치하게 되면 \설치디렉토리\Arduino\hardware\arduino\avr\cores \arduino 디렉토리(디렉토리 위치는 설치된 아두이노 스케치 버전에 따라 달라질 수 있다.) 밑에 main.cpp라는 함수가 있다. 이 파일을 열어보면 위에서 언급한 아두이노의 setup, loop 함수를 main 함수 내에서 호출하는 것을 확인할 수 있다. 이 main.cpp에서 정말 setup과 loop를 호출하는 것인지 확인할 수 있는 방법이 있을까? 앞서 아두이노 프로그램의 기본 구조인 setup 함수나 loop 함수를 없애고 컴파일을 하면 해당 함수를 찾지 못한다는 컴파일 오류가 발생한다고 설명하였는

데, 실제로 setup 함수를 지우면 다음과 같은 컴파일 오류가 뜬다.

그림 1-10 setup함수 삭제 후 스케치 컴파일 오류 내역

에러 내역에 보면 maip.cpp의 43번째 줄에서 setup()함수를 호출했는데 해당 함수를 찾지 못했다는 컴파일 오류가 발생하였다. 결국 IDE에서 작성한 아두이노 프로그램의 setup, loop함수는 main.cpp파일에서 호출되어 프로그램이 실행되도록 하는 구조임을 알 수 있다.

```
22    // Declared weak in Arduino.h to allow user redefinitions.
23    int atexit(void (* /*func*/ )()) { return 0; }
24
25    // Weak empty variant initialization function.
26    // May be redefined by variant files.
27    void initVariant() __attribute__((weak));
28    void initVariant() { }
29
30    void setupUSB() __attribute__((weak));
31    void setupUSB() { }
32
33    int main(void)
34    {
35        init();
36
37        initVariant();
38
39    #if defined(USBCON)
40        USBDevice.attach();
41    #endif
42
43        setup();
44
45        for (;;) {
46            loop();
47            if (serialEventRun) serialEventRun();
48        }
49        return 0;
50    }
```

그림 1-11 main.cpp

앞의 main.cpp의 소스 43번째 줄에 보면 main 함수 내에서 setup() 함수가 한번 호출되고 loop()함수는 무한 반복문인 for(;;) 반복문 안에서 계속적으로 호출되고 있음을 알 수 있다.

블루투스 네오픽셀 무드등

구성품 : 나노, 네오픽셀
블루투스모듈, 수동부저
브레드보드, 3D 출력물

Ch10.1 블루투스로 제어하는 무드등

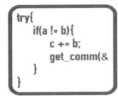

CHAPTER 02

회로구성과 디지털, 아날로그 신호

1. 아두이노 회로구성하기
2. 아두이노에서 사용되는 센서
3. 디지털 신호와 아날로그 신호

CHAPTER2 회로구성과 디지털, 아날로그 신호

2.1 아두이노 회로구성하기

❏ 아두이노가 외부와 소통하는 지도-핀 맵

. 핀 맵이란

아두이노 보드가 외부기기와 연결되는 핀의 배치 및 용도를 표시한 문서. 디지털 센서, 아날로그 센서와 연결되는 핀, +(VCC), -(GND) 및 각종 통신을 위한 연결 핀 정보를 핀 맵을 통해 확인할 수 있으며, 아두이노 나노, 우노 등의 핀 맵은 구글 검색 등을 이용하면 정보를 얻을 수 있다.

❏ 아두이노 우노 핀 배열

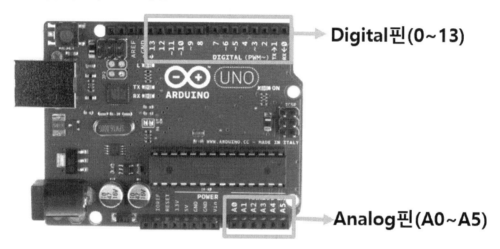

2.1 아두이노 우노 핀 배열

❏ 각 핀의 용도

. 디지털 핀

디지털 센서(입력 혹은 출력이 0과 1로만 되어있는 센서)와 연결되는 핀. 센서의 시그널 핀과 아두이노 우노/나노의 D0~D13번 핀에 연결하면 HIGH, LOW 신호를 주거나 전달받을 수 있다.

. 아날로그 핀

아두이노의 경우 아날로그 센서 값을 디지털 값으로 변환하여 주는 ADC가 내장되어 있어 별도의 전자소자 없이 아날로그 센서의 시그널 핀을 아날로그 핀(우노 A0~A5, 나노 A0~A7)에 연결하면 아날로그 센서 값을 가져올 수 있다.

※ ADC(Analog Digital Converter) :아날로그 신호(0~5V 사이의 전압)를 디지털 신호로 변환시켜 주는 장치.

. 시리얼통신을 위한 핀(D0, D1)

디지털 0번핀(RX), 디지털 1번핀(TX)은 시리얼 데이터를 송(TX)/수신(RX)하기 위한 핀으로 사용. USB를 컴퓨터에 연결하여 프로그램을 업로드하면 이 핀들을 사용하여 업로드를 수행한다. 추후에 설명할 시리얼 모니터, 시리얼 플로터 화면도 이 핀들을 이용하여 데이터를 주고받는다.

∴ 프로그램 업로드 시 디지털 0번, 1번 핀에 센서가 연결되어 있으면 프로그램이 업로드되지 않는다.

. 외부인터럽트 핀(D2, D3)

프로그램 수행 중 강제로 제어권을 가지고 올 수 있는 인터럽트 기능을 사용할 수 있는 핀. 핀의 상태가 LOW 값에서 HIGH 값으로 변할 때, HIGH 값에서 LOW 값으로 변할 때 등등 핀의 상태에 따라 인터럽트를 발생시키도록 할 수 있다. 인터럽트에 대한 설명은 이 책의 "9.2 인터럽트 사용하기"에 기술되어 있다.

. SPI 통신을 위한 핀(D10, D11, D12, D13)

주변기기와 통신하기 위한 방법 중에 하나인 SPI(Serial Peripheral Interface Bus) 통신을 위한 핀. SPI 통신을 위해서는 4개의 통신 연결이 필요하므로 D10~13번까지의 핀이 예약되어 있음. SPI 통신에 대한 개념은 이 책의 "8.2 NRF24L01 모듈을 이용한 통신"에 기술되어 있다.

. I2C 통신을 위한 핀(A4, A5)

SPI 통신과 마찬가지로 주변기기와 통신하기 위해 많이 사용되는 통신방법인 I2C 통신을 위해서는 아날로그 4번핀(SDA), 아날로그 5번핀(SCL)이 사용된다. 아날로그 4번핀은 데이터 전송용(SDA), 아날로그 5번핀은 시그널 전송용(SCL)이다. I2C 통신에 대한 개념은 이 책의 "7.3 1602 LCD를 이용한 화면 출력"에 기술되어 있다.

. 내장 LED에 연결된 D13핀

D13번 핀은 내장 LED와 연결되어 있어 D13핀에 HIGH 신호를 주면 LED에 불이 켜지고 LOW 신호를 주면 LED에 불이 꺼진다.

❏ 회로 구성에 사용되는 기본 용어

. VCC(Voltage of Common Collector):+전극을 의미. VCC라는 표기 없이 3.3V, 5V로 표기되는 경우에도 +극을 의미.

. GND(GROUND) : -전극을 의미

※ VCC와 GND를 잘못 연결하면 센서 혹은 보드가 손상될 수 있으므로 VCC와 GND는 주의하여 연결하여야 한다.

. PIN : 회로를 연결하기 위한 커넥터.

. 저항 : 전류의 흐름을 방해하는 역할을 하는 전기소자.

. 점퍼 케이블 : 브레드 보드, 아두이노 보드 등에서 회로를 구성할 때 사용되는 커넥터가 달려 있는 케이블.

❏ 브레드 보드

. 무납땜 전자회로 구성 기판.

. 브레드 보드 사용 이유 : 회로 구성에 필요한 전기 소자들을 연결할 때 납땜 등의 가공 과정 없이 점퍼 케이블 등을 이용하여 손쉽게 연결 및 분해가 가능하다.

. 상단 및 하단의 가로방향 2줄 실선에 포함된 핀홀들은 서로 연결되어 있다.

. 상/하단의 2줄을 제외한 세로방향 핀홀 5개는 서로 연결되어 있다.

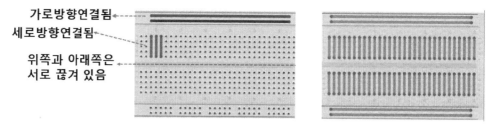

2.2 브레드보드 연결도(400핀 브레드보드)

2.2 아두이노에서 사용되는 센서

아두이노에서 사용되는 센서는 디지털 입/출력 센서와 아날로그 입/출력 센서로 나뉘는데 출력 센서는 액추에이터라고도 불린다.

❑ 디지털 센서 : 입/출력값이 디지털 신호로 전달되는 센서.

❑ 아날로그 센서 : 입/출력값이 아날로그 신호로 전달되는 센서.

2.3 디지털 신호와 아날로그 신호

❑ 디지털 신호란?

. 디지털은 손가락이라는 뜻의 라틴어인 digit에서 유래된 말.

. 특정 데이터(수치)를 분명하게 정의하고 표현하는 방식.

. 컴퓨터는 디지털 신호를 이용하여 문자, 소리, 이미 지등을 모두 1과 0의 이진법으로 변환하여 데이터를 전송하고 처리함.

❑ 아날로그 신호란?

. 아날로그는 닮음, 비유란 뜻의 그리스어 analogia에서 유래된 말.

. 디지털처럼 끊어지지 않고 연속적으로 이어지는 데이터로 전압, 전류와 같이 연속적으로 변화하는 물리량을 나타내는 신호.

❑ 디지털 신호와 아날로그 신호의 차이

. 디지털신호는 이산적인 파형, 아날로그 신호는 연속적인 파형을 가짐.

춤추는 마리오네트 인형

구성품 : 나노, 서보모터
나노확장쉴드, 수동부저
마리오네트인형,
3D 출력물

Ch10.2 음악을 연주하며 춤추는 인형

CHAPTER 03

디지털센서 사용하기

1. 아두이노에서 디지털센서 사용하기
2. 디지털 출력센서 사용하기
3. 디지털 입력센서 사용하기

CHAPTER3 디지털센서 사용하기

3.1 아두이노에서 디지털 센서 사용하기

아두이노의 디지털 핀은 설정에 따라 데이터를 입력받거나 출력할 수 있다.

❏ 디지털 센서 사용을 위한 설정 함수

. pinMode(핀번호,용도) : 디지털 핀을 어떤 용도(입력용인지 출력용인지)로 사용할지 설정하는 함수로 일반적으로 setup 함수에서 설정한다.

　- 핀번호(unit8_t):아두이노 보드의 디지털 몇 번핀을 사용할 것인지 지정.

　- 용도(unit8_t):입력용으로 사용 시 INPUT, 출력용으로 사용 시 OUTPUT.

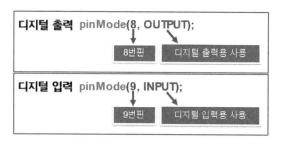

그림 3-1 pinMode 함수 사용예시

. digitalWrite(핀번호,상태) : pinMode에서 OUTPUT으로 지정한 디지털 신호 핀에 1(HIGH) 또는 0(LOW)의 신호를 주는 함수.

　- 핀번호(unit8_t) : 디지털 몇 번핀에 신호를 줄지를 지정.

　- 상태(unit8_t): 디지털 값 1을 주고 싶으면 HIGH, 디지털 값 0을 주고 싶으면 LOW 지정.

그림 3-2 digitalWrite 함수 사용예시

. digitalRead(핀번호) : pinMode에서 INPUT으로 지정한 디지털 신호 핀에서 입력되는 디지털 신호값(0또는 1)을 읽어 들이는 함수.

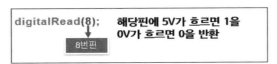

그림 3-3 digitalRead 함수 사용예시

3.2 디지털 출력 센서 사용하기

디지털 출력 센서는 아두이노에서 센서에게 디지털신호(0또는 1)를 전송하면 상태가 변하는 센서로, 대표적인 디지털 출력 센서로는 LED, 능동부저 등이 있다. 앞서 설명한 pinMode 함수 digitalWrite 함수를 이용하여 디지털 출력 센서 중 가장 흔한 예인 LED를 On/Off 시켜보자. 아두이노를 이용해서 센서를 제어하려면 먼저 동작시키고자 하는 센서들을 연결하는 회로 작업을 해야 한다.

❏ 준비물: 아두이노 나노, 브레드 보드, LED, 330Ω 저항, 점퍼 케이블.

❏ 330Ω 저항 사용 이유 : 보통 LED의 사용 전압은 2V 정도이다. 디지털 핀에 HIGH 신호를 주면 출력 핀에 5V의 전기가 흐르게 되므로 LED에 과전류가 흐르게 되어 LED가 손상될 수 있다. 이렇게 과전류로 인해서 LED가 손상되는 것을 방지하기 위해 저항을 사용하여야 한다.

❏ LED

LED(Light Emitting Diode)는 발광다이오드라고 불리며 왼쪽의 그림처럼 P형 다이오드와 N형 다이오드를 맞붙여 만든다.
이 다이오드에 정방향의 전류를 흘리면 N형 반도체의 전자(-)와 P형 반도체의 정공(+)이 이동하여 두 반도체 사이의 접합부에서 재결합하는데 이 과정에서 재결합하는 에너지가 빛으로 방출되는 현상을 이용한 전기소자이다. LED는 두 개의 다리가 있으며 긴 쪽이 +, 짧은 쪽이 −이다. 아두이노에 연결 시 −는 GND에 +는 디지털 핀에 연결하여 디지털 신호로 LED를 제어하도록 한다.

❏ 회로 구성 내역

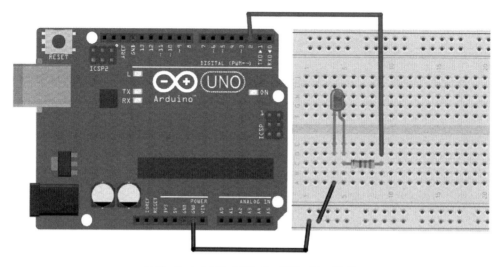

그림 3-4 LED 점등을 위한 회로구성

아두이노 우노를 이용한 회로 구성도이다. LED의 +는 저항을 거쳐 우노의 D2 (디지털 2번핀)에 연결하였고 LED의 -는 GND에 연결하였다.

회로 구성이 완료되었으면 LED를 켜고 끄는 프로그램을 구현해야 한다. 앞서 설명한 pinMode 함수와 digitalWrite 함수만 있으면 LED를 켜고 끌 수 있다. 위 회로도에서 LED의 +를 디지털 2번핀에 연결했으니 2번핀의 용도는 출력 핀(센서로 값을 주는 용도)이 된다. 그러므로 pinMode(2,OUTPUT) 이렇게 핀 모드를 설정한 후, digitalWrite(2,HIGH)를 주면 LED를 켜고 digitalWrite(2,LOW)하면 LED를 끄게 된다. 이전 장에서 설명한 아두이노의 기본 구조에 위의 함수들을 호출하도록 넣어주기만 하면 된다.

```
void setup() {
    pinMode(2,OUTPUT);
}
void loop() {
    digitalWrite(2,HIGH);
    digitalWrite(2,LOW);
}
```

이 프로그램을 업로드하면 우리가 의도한 대로 LED가 깜박이지 않고 계속 켜져 있을 것이다. 이 프로그램의 문제는 뭘까? 바로 켜고 꺼지는 전환시간이 너무 짧으면 사람의 눈으로는 LED가 켜고 꺼지는 걸 인식할 수 없다는 점이다. 이를 해결하려면 일정 시간 동안 동작을 유지시켜 주어야 한다. 이렇게 일정 시간 동안 동작을 유지시킬 때 사용하는 함수가 delay 함수이다. 사용방법은 delay(시간-마이크로초)이다. 만약 delay(1000)하면 1초 동안 이전의 상태가 유지된다. 이 delay 함수를 이용하여 방금 전 프로그램을 조금 수정하여 1초 동안 불이 켜졌다 꺼졌다를 반복하는 프로그램을 다음과 같이 구현하였다.

```
int led=2; //LED를 연결 핀번호를 led 변수에 저장
void setup()
{
    pinMode(led,OUTPUT); //2번핀을 OUTPUT핀으로 설정
}
void loop()
{
    digitalWrite(led,HIGH); //LED에 HIGH신호(5V)를 주어 LED 켬
    delay(1000);
    digitalWrite(led,LOW); //LED에 LOW신호(0V)를 주어 LED 끔
    delay(1000);
}
```

프로그램을 업로드하면 2번핀의 상태를 바꾸기 전에 1초 동안 동작을 유지시켜 주어 LED가 깜박이는 것을 확인할 수 있다. 디지털 출력 핀은 위와 같이 프로그램하면 모두 동일하게 제어할 수 있다. 만약 2번핀에 LED가 아니라 능동 부저를 연결하였다면 부저소리가 1초 간격으로 발생할 것이다. delay 함수 외에도 이번 프로그램에서 바뀐 것이 또 있다. int led=2; 라는 문장이 추가되었다. 이 문장은 led라는 정수형(int) 변수를 선언하여 2를 대입하는 문장이다. led라는 변수에 2를 저장하고 숫자 2를 직접 넣었던 코드에 숫자 2대신 led 변수를 넣어 코드를 수정

하였다. 변수를 사용하였을 때 이로운 점은 LED를 연결한 핀번호가 2번에서 3번으로 변경되었을 때 핀을 지정하는 함수들을 일일이 찾아 3으로 바꾸지 않고 int led=3; 이렇게만 바꾸어 주면 된다는 점이다. 그럼 C언어에서 변수 사용법에 대해 조금 더 알아보도록 하자.

C언어에서 변수 사용하기

❏ 변수란?

. 변경이 가능한 데이터를 담아놓는 메모리 공간의 이름

. 변수가 선언되면 메모리에 정의된 자료형에 해당하는 크기만큼의 공간을 변수 이름으로 할당

❏ 변수 선언

. 자료형 변수 이름; : ex) int Number;

. 같은 자료형에 대하여 콤마를 사용하여 여러 변수 동시에 선언 가능

※ 자료형 : 프로그램에서 사용되는 다양한 데이터의 유형을 정의해 놓은 것으로 프로그램에서 사용되는 변수와 상수들이 가질 수 있는 값과 연산자를 구분하여 놓은 그룹

. C언어 기본 자료형

구분	자료형	크기(byte)	값의 표현 범위	비고
정수형	char	1	-128 ~ 127	
	unsigned char	1	0 ~ 255	
	short	2	-32768 ~ 32767	
	int	4	-2,147,483,648 ~ 2,147,483,647	
	long	4	-2,147,483,648 ~ 2,147,483,647	
	unsigned short	2	0 ~ 65535	unsigned 자료형은 양수만 표현 가능 실수형의 경우 unsigned 형이 없음
	unsigned int	4	0 ~ 4,294,967,295	
	unsigned long	4	0 ~ 4,294,967,295	
실수형	float	4	8.4×10^{-37} ~ 3.4×10^{38}	소수점 이하 자리수 정밀도 6자리 이상
	double	8)	2.2×10^{-308} ~ 1.8×10^{308}	소수점 이하 자리수 정밀도 10자리 이상

❏ 변수의 사용

. "변수 이름=값"의 형태로 변수에 데이터를 저장

. 변수 선언 시 초기화하지 않으면 변수는 비정상적인 값(가비지 데이터)을 가질 수 있음

□ 변수의 초기화

. 변수 선언 시 "자료형 변수이름=값;"의 형태로 변수에 초기 데이터를 저장
int Number=10;

해당 구문은 int형 자료형을 저장할 수 있는 메모리 공간을 Number라는
이름으로 생성하는데 그 공간에는 숫자 10을 저장한다는 의미임

3.3 디지털 입력 센서 사용하기

디지털 입력 센서는 요구되는 정보를 취합하여 디지털신호(0또는 1) 형태로 아두
이노에게 결과 값을 전송해 주는 센서로 아두이노 우노/나노 보드에서 D0~D13번
핀에 연결하여 사용한다.

이번 장에서는 소음 감지 센서(LM393)를 이용하여 디지털 센서를 어떻게 사용하
는지 알아보도록 한다. 소음 감지센서는 센서에 부착된 마이크를 이용하여 소음을
측정하는 센서로 소음의 크기가 일정 수준(민감도는 가변저항으로 조절) 이상이면
0, 그렇지 않으면 1을 되돌려주는 센서이다.

그림 3-5 소음감지센서

소음 감지센서를 이용하여 앞서 학습한 LED와 연계하여 일정 수준 이상의 소음이
감지되면 LED에 1초 동안 불이 켜지고 그렇지 않으면 LED가 꺼지도록 하는 프로
그램을 만들어보자. 소음 감지센서는 소음이 감지되면 0을 되돌리고 소음이 없으면
1을 되돌리는 센서이므로 소음 여부를 판단할 때 이 값을 가지고 판단하도록 프로
그래밍 한다.

□ 준비물: 아두이노 우노, 브레드 보드, 소음 센서, LED, 330Ω 저항.

□ 회로 구성 내역

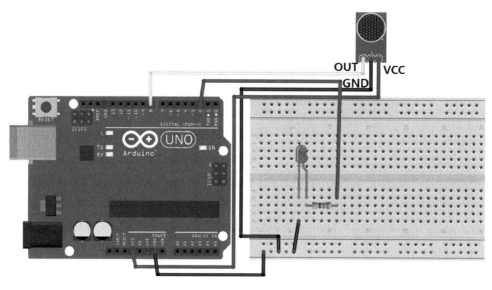

그림 3-6 소음감지 센서 구성 회로도

□ 소음 감지 센서의 시그널 핀은 D8번핀에, LED의 +는 D2번핀에 연결하였으므로 setup 함수에서 D8번핀은 INPUT핀으로 D2번핀은 OUTPUT핀으로 설정해주고, digitalRead 함수를 사용하여 소음 센서 값을 가져와서 그 값이 0이면 소음이 있는 것으로 판단하여 LED를 켜고 1이면 LED를 끄도록 프로그래밍 한다.

```
int sound=8, led=2; //소음감지센서 연결핀, LED 연결핀 지정
void setup()
{
  pinMode(sound,INPUT); // 소음감지센서는 입력용으로 모드 지정
  pinMode(led,OUTPUT);  // LED는 출력용으로 모드 지정
}
void loop()
{
  // 소음감지센서 값(0 or 1)을 가지고 와서 iRead 변수에 저장
  int iRead=digitalRead(sound);
```

```
    if(iRead==0) // 소음이 감지되었으면
    {
        digitalWrite(led,HIGH); // LED를 켠다.
        delay(1000);
    }
    else // 소음이 감지되지 않았으면
    {
        digitalWrite(led,LOW); // LED를 끈다.
        delay(100);
    }
}
```

프로그램을 업로드 후 소음 센서 주변에서 헛기침을 하거나 손뼉을 치면 LED에 1초간 불이 들어오는 것을 확인할 수 있다. 만약 소리의 민감도가 너무 낮거나 혹은 너무 높다면, 앞서 센서 그림에서 표시된 가변저항을 드라이버를 이용하여 소리 감도를 조절해 주면 된다. 디지털 입력 센서로부터 전달된 값에 따라 다른 처리를 수행해야 하므로 프로그램 내에 동작 흐름을 제어하는 조건문이 있어야 한다. 이 프로그램에서는 if 조건문이 사용되었다. 조건 제어를 위한 C언어 if 조건문 사용법을 알아보자.

C언어 선택 조건문(if 조건문)
❏ 조건문 : 조건에 따라 처리하는 명령을 달리하도록 하는 문장
❏ if (조건식) { 수행 문장; }의 형태로 사용됨
  . 조건식 → 참이냐 거짓이냐에 따라 다음에 어떤 문장을 수행할지를 결정하게 되는 제어문의 핵심 문장
  . 조건식의 결과에 따라 수행할 문장을 명시하여 문장 처리 흐름을 제어
  . 조건식의 결과가 0이면 거짓으로 0이 아니면 참으로 판단
  . 조건식은 ( ) 안에 표현 → if(조건식),while(조건식)의 형태로 쓰임
  . 조건식 안에서 주로 사용되는 연산자 : 관계연산자, 논리연산자

❑ 관계연산자

. 피연산자 2개를 비교하여 참인지 거짓인지 판별하는 연산자

. 연산 결과는 true(1) or false(0) 값을 반환함

. 관계연산자 종류

연산자	연산 내역	사용예	결과값
==	두 피연산자의 값이 같은지 비교. 같으면 **true**, 다르면 **false**	a==3	a가 3이면 **true**, 아니면 **false**
!=	두 피연산자의 값이 다른지 비교. 다르면 **true**, 같으면 **false**	a!=3	a가 3이 아니면 **true**, 아니면 **false**
>	왼쪽 피연산자가 오른쪽 보다 큰지 확인. 크면 **true**, 작으면 **false**	a>3	a가 3보다 크면 **true**, 아니면 **false**
<	왼쪽 피연산자가 왼쪽 보다 작은지 확인. 작으면 **true**, 크면 **false**	a<3	a가 3보다 작으면 **true**, 아니면 **false**
>=	왼쪽 피연산자가 오른쪽 보다 크거나 같은지 확인. 크거나 같으면 **true**, 작으면 **false**	a>=3	a가 3보다 크거나 같으면 **true**, 아니면 **false**
<=	왼쪽 피연산자가 오른쪽 보다 작거나 같은지 확인. 작거나 같으면 **true**, 크면 **false**	a<=	a가 3보다 작거나 같으면 **true**, 아니면 **false**

❑ 논리연산자

. 피연산자의 논리곱(and), 논리합(or), 부정(not) 연산을 수행

. 연산 결과는 true(1) or false(0) 값을 반환함

. 논리연산자 종류

연산자	연산 내역	사용예	결과값
&&	두 피연산자가 모두 **true** 일때 **true**	(3==0)&&(4>1)	false
||	두 피연산자중 하나만 **true**여도 **true**	(3==0)||(4>1)	true
!	피연산자가 가진 논리값의 반대값으로 변경	!(3==0)	true

❑ if 제어문 형식 및 흐름도

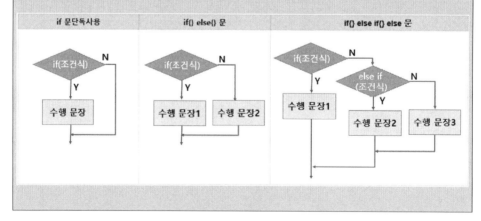

❏ if문 형식

. if문 단독 사용: if문 조건식이 참이면 if문 하위의 블록을 수행한다. 사용 예시는 다음과 같다.

```
if (조건문)
{
    수행문1;
    수행문2;
    .....
}
```

→ 사용예 →

```
#include <stdio.h>
void main()
{
    int a=10,b=6;
    if(a>b)
    {
        printf("%d is greater than %d",a,b);
    }
}
```

. C언어용 컴파일러에서 위의 예시 프로그램을 컴파일하고 수행하면 "10 is greater than 6"이라는 문구가 출력된다. a변수에는 10이 저장되어 있고 b에는 6이 저장되어 있으므로, a와 b를 비교하면 a가 크기 때문에 조건문의 하위블록의 printf문을 수행하게 된다.

. if{} else{}문: if문의 조건식이 true일 경우 if문 하위의 블록을 수행하고 false인 경우에는 else문 하위의 블록을 수행한다. 사용 예시는 다음과 같다.

```
if (조건문){
    수행문1;
    .....
}
else {
    수행문1;
    .....
}
```

→ 사용예 →

```
#include <stdio.h>
void main()
{
    int a=3,b=6;
    if(a>b){
        printf("%d is greater than %d",a,b);
    }
    else{
        printf("%d is not greater than %d",a,b);
    }
}
```

. C언어용 컴파일러에서 위의 예시 프로그램은 a가 3, b가 6이므로 if문의 조건문인 (a>b)의 관계연산자의 결과는 false를 반환하므로 else문 블록의 문장을 수행하게 되어 "3 is not greater than 6"이라는 문구를 출력한다.

. if{} else if{}문, if{} else if{} else{}문 : if문의 조건식이 true일 경우 if 문 하위의 블록을 수행하고 false인 경우에 else if문 조건식을 비교하여 true 인 경우 else if 하위의 블록을 수행한다. 사용 예시는 다음과 같다.

```
if (조건문){
    수행문1;
    .....
}
else if(조건문) {
    수행문1;
    .....
}
```

사용예

```
#include <stdio.h>
void main()
{
    int a=3,b=6;
    if(a>b){
        printf("%d is greater than %d",a,b);
    }
    else if(a<b){
        printf("%d is smaller than %d",a,b);
    }
    else {
        printf("%d and %d are equal",a,b);
    }
}
```

앞서 소음센서값에 따른 LED 작동 프로그램은 소음이 감지됐을 경우와 아닌 경우 2가지 경우였으므로 if else 문을 사용하여 소음이 감지되면 if문의 하위블록을 수행하고 그렇지 않으면 else문의 하위 블록을 수행하도록 구현하였다.

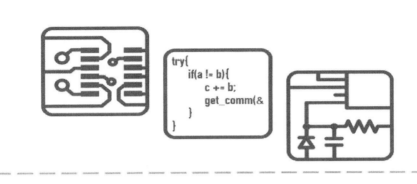

CHAPTER 04

시리얼모니터 사용하기

CHAPTER4 시리얼모니터 사용하기

아두이노의 시리얼 모니터의 설명에 앞서 시리얼통신이란 용어에 대해 알아보자. 시리얼통신이란 데이터를 전송할 때 하나의 선을 이용해서 비트 단위로 순차적으로 데이터를 전송하는 통신방식이다. 시리얼통신과 반대되는 개념으로 여러 개의 데이터 선을 이용하여 데이터를 전송하는 병렬 통신이 있다. 아두이노와 컴퓨터를 연결하여 데이터를 전송하는 방법은 시리얼통신 방식 중의 한 종류인 UART 통신을 이용하여 데이터를 전송한다. 시리얼통신 방식은 데이터 신호와는 별도로 동기신호를 전달하여 데이터 전송의 시작과 끝을 알려주는 동기식 전송 방식과 별도의 동기신호를 전송하지 않는 비동기식 전송 방식이 있다. UART(Universal asynchronous receiver/transmitter)통신은 시리얼통신 중 비동기식 통신방식으로 2개의 선(Tx: Transmitt, Rx:Receive)을 통해 데이터를 송/수신하는 1:1 통신방식이다. UART 통신을 수행하는 2개의 디바이스를 연결하려면 송신(Tx)은 상대 디바이스의 수신(Rx)에 수신(Rx)은 상대 디바이스의 송신(Tx)에 교차 연결하여야 한다.

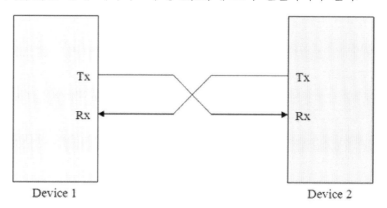

그림 4-1 UART통신 연결도

아두이노는 PC와 USB를 연결하여 프로그램을 업로드한다. 이때 아두이노 보드와 PC 간 통신을 수행하기 위해 사용되는 핀(아두이노 우노/나노/미니/메가의 경우)이 디지털 0번핀(Rx)과 1번핀(Tx)이며 이 핀들을 통해 시리얼통신으로 데이터를 전송한다. 시리얼 모니터는 시리얼통신을 이용하여 아두이노와 데이터를 송/수신 할수 있는 툴이다. 시리얼 모니터는 텍스트 형태로 데이터를 보여주고 시리얼 플로터는 그래프 형태로 데이터를 보여준다. 아두이노 IDE의 경우에는 별도의 디버깅 툴이 없으므로 센서로 들어오는 데이터를 확인하거나, 프로그램 진행 단계를 확인하고자 할 때 많이 활용된다.

앞서 설명한 적이 있지만 시리얼 모니터는 IDE 메뉴의 오른쪽에 있는 🔍 버튼을 누르면 아래와 같은 시리얼 모니터 창이 뜨게 된다.

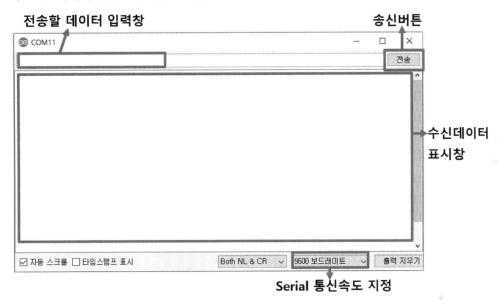

그림 4-2 시리얼모니터 실행화면

시리얼 모니터를 사용하기 위해서는 Serial이라는 객체를 사용한다. 이 Serial 객체의 함수를 이용하여 데이터를 주고받을 수 있으며 주로 사용되는 함수는 다음과 같다.

❑ Serial.begin(speed) : 시리얼통신을 위한 전송속도를 지정하고 시리얼통신을 활성화해주는 함수. 시리얼 모니터를 이용하여 데이터를 입/출력하기 위해서는 해당 함수를 호출해주어야 한다.

❑ Serial.print() : 시리얼 포트에 ASCII 데이터를 출력.

❑ Serial.println() : 시리얼 포트에 ASCII 데이터를 출력한 후 개행 문자 출력.

❑ Serial.available() : 시리얼 포트에 수신되어 있는 데이터의 바이트수를 반환.

❑ Serial.read() : 시리얼 포트로 전송된 데이터를 읽어들인다. 시리얼 포트에 전송된 데이터의 첫 번째 문자를 반환하고, 만약 데이터가 없으면 -1을 반환한다.

❑ 시리얼 모니터에 데이터를 출력하는 프로그램

```
void setup() {
   Serial.begin(9600); //시리얼 통신 시작
}
void loop() {
   Serial.println("PRINT");
   delay(3000);
}
```

위의 프로그램을 업로드 후 시리얼 모니터 창을 열면 3초마다 "PRINT"라는 문구가 출력됨을 확인할 수 있다.

❑ 프로그램 수행 결과 화면

그림 4-3 시리얼프린트 출력 결과 화면

이번에는 시리얼 모니터로부터 데이터를 전송받아 LED를 제어하는 프로그램을 작성해보자. 시리얼 모니터에 a를 입력하면 LED가 켜지고 b를 입력하면 LED가 꺼지도록 하는 프로그램이다. 시리얼 모니터를 이용하여 데이터를 입력을 때 사용되

는 함수는 Serial.read() 함수이며, 해당 함수를 사용하기 전에 시리얼 모니터로부터 입력된 데이터가 있는지를 체크해야 한다. 그때 사용되는 함수가 Serial.available()이다. 해당 함수의 반환 값이 0이 아니면(논리식을 기준으로 참 (True)이면) 데이터가 들어온 것이므로 그때 데이터를 읽어들이면 된다. 회로 구성을 위한 준비물과 회로 구성 내역은 앞장의 LED점등을 위한 회로 구성과 동일하므로 해당 회로 구성을 참고하여 구성하면 된다.

❏ 시리얼 모니터를 이용하여 LED를 제어하는 프로그램

```
int led=2;
void setup(){
    Serial.begin(9600);//시리얼 통신 시작
    pinMode(led,OUTPUT);
}
void loop(){
    if(Serial.available()>0)//시리얼통신을 통해 들어오는 데이터가 있으면
    {
        //시리얼을 통해 들어온 데이터를 문자형변수인 ch에 저장
        char ch=Serial.read();
        if(ch=='a')  {     //들어온 문자가 'a'이면
            digitalWrite(led,HIGH);//LED 점등
        }
        else if(ch=='b') {    //들어온 문자가 'b'이면
            digitalWrite(led,LOW);//LED 소등
        }
    }
}
```

로드셀을 이용한 미니 해머게임

구성품 : 나노, 로드셀
나노확장쉴드, 네오픽셀
수동부저, 1602LCD
3D 출력물, 프레임

Ch10.3 로드셀을 이용한 해머게임

CHAPTER 05

아날로그센서 사용하기

1. 아나로그 입력센서 사용하기
2. 아날로그 출력하기
3. 아날로그 입/출력 함수를 이용한 조도센서 피아노 만들기

CHAPTER5 아날로그센서 사용하기

5.1 아날로그 입력센서 사용하기

아날로그 센서로부터 아두이노로 전달되는 신호는 analogRead() 함수를 이용하여 데이터를 가지고 온다. 앞서도 언급한 적이 있지만 아두이노는 아날로그 값을 디지털 값으로 변환시켜주는 ADC를 내장하고 있어서 별도의 ADC 없이도 아날로그 핀(우노 A0~A5, 나노 A0~A7)에 아날로그 센서를 연결하면 0~1023사이의 아날로그 값을 가지고 올 수 있다. 아날로그 센서는 밝기를 측정하는 조도센서, 진동을 감지하는 진동센서, 가스를 감지하는 가스센서 등 매우 다양하다. 이번에는 빛의 밝기를 감지하는 조도센서를 이용하여 주변의 밝기를 가져와서 시리얼 모니터에 수집된 값을 출력하고 주변 밝기가 기준 값보다 어두운 경우에는 LED를 켜도록 프로그램을 만들어보자.

그림 5-1 조도센서

조도센서는 황하 카드뮴이라는 빛에 반응하는 물질을 이용하여 빛의 양을 전기신호로 바꿔 출력하는 전자 부품이다. 무극성 소자로 회로를 구성할 때 방향을 고려할 필요가 없으며, 내부저항 한 개와 결합한 간단한 회로 구조로 빛의 양에 따라 내부저항의 크기가 수 kΩ에서 수십 kΩ 사이로 변화되어 이 저항값에 따라 전압 값이 다르게 출력된다. 회로 연결 시 빛이 너무 밝아 센서의 저항이 0이 되어 과도한 전류가 흐르지 않게 하기 위하여 10kΩ저항을 사용한다.

회로 구성을 위한 준비물로는 아두이노 우노, 브레드 보드, 조도센서, LED, 330Ω저항, 10kΩ저항, 점퍼 케이블이 필요하다.

조도센서는 극성이 없지만 저항의 위치에 따라 수집되는 값이 달라진다. 만약 저항을 VCC 쪽에 연결할 경우 빛이 적어지면 조도센서의 데이터 수집 값이 커지고 저항을 GND 쪽에 연결할 경우에는 빛이 적어지면 조도센서 수집 값도 작아진다.

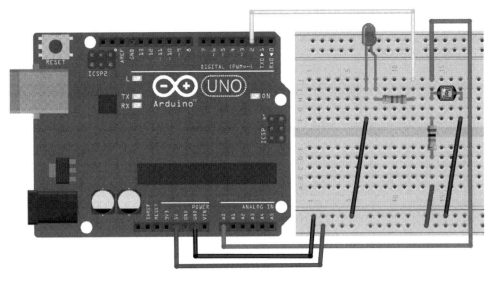

그림 5-2 조도센서 회로도

❏ 조도센서 값을 출력하고 LED를 제어하는 프로그램

```
#define LED 2 //LED연결핀 지정
#define THRESHOLD 250 //조도센서 값을 체크할 임계치 지정
void setup(){
    pinMode(LED, OUTPUT);
    Serial.begin(9600);
}
void loop(){
    int cdsValue=analogRead(A0); //조도센서 데이터 읽어오기
    // 읽어들인 조도센서 값이 임계치보다 크면(어두우면)
    if(cdsValue > THRESHOLD)
    {
        digitalWrite(LED,HIGH); // LED ON
    }
```

```
    else //조도센서 값이 임계치를 넘지 않으면
    {
        digitalWrite(LED,LOW); // LED off
    }
    Serial.print(" CDS Value : ");
    Serial.println(cdsValue); //시리얼 모니터로 조도값 출력
    delay(500);
}
```

앞서도 언급했지만 아두이노는 ADC가 내장되어 있어, 위의 프로그램처럼 쉽게 아날로그 입력 값을 읽어들일 수 있다. 이 프로그램을 업로드 후 조도센서를 손가락으로 막으면 조도센서 취합 값이 증가하면서 LED가 점등된다. 조도센서의 값은 시리얼 모니터를 이용하여 확인할 수 있다. 만약 시계열 적으로 데이터 흐름을 보고 싶다면 IDE 메뉴의 툴>시리얼 플로터 메뉴를 선택하면 센서의 변동 값을 시계열 그래프로 볼 수 있다.

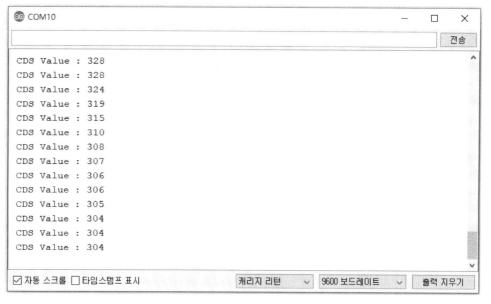

그림 5-3 조도센서 취합 데이터 출력 결과 화면

이 프로그램을 살펴보면 이전까지 나오지 않았던 C언어 문법이 있다. 바로

#define 문법이다. 1장에서 전처리기라는 용어를 언급하였었는데 #define 문장은 대표적인 전처리기 문장으로 상수를 정의하거나 매크로를 정의할 때 많이 사용된다.

C언어 전처리기

❑ 전처리기란?

  . 프로그램 컴파일 이전에 선행적으로 처리되는 코드.

❑ 전처리기 정의 방법

  #include "header.h"

   → 현재 위치에 header.h 소스파일 전체를 치환하도록 하는 전처리기

  #define LED 2

   → 상수 정의. 프로그램 내에 LED가 있으면 2로 치환.

  #deiine SUM(a,b) a+b :

   → 매크로 함수 정의. 프로그램 내에 SUM(a+b)가 있으면 a+b로 치환.

❑ 사용예

  #define A 5

  #define B 6

  #define MUL(a,b) a*b

  ....

  int mul=MUL(A,B);

   → mul 변수에는 30이 저장됨.

   → 위의 구문을 실행하면 컴파일러는 int mul=MUL(A,B)를 int mul=5*6;
으로 치환해 준다.

5.2 아날로그 출력하기

 아두이노에서 아날로그 출력은 analogWrite() 함수를 이용하여 아날로그 값 (PWM파)을 출력한다. PWM(Pulse Width Modulation-펄스 폭 변조)은 디지털 출력 신호를 가지고 아날로그 출력 신호처럼 인식하도록 만들어 주는 기법으로 디

지털 신호의 한 주기 안에 ON과 OFF 되어 있는 시간의 비율(DutyCycle)을 조절해 주는 것을 말한다. analogWrite 함수로 전달할 수 있는 값의 범위는 0~255이며 255값을 주면 DutyCycle값이 100%이고 127을 주면 DutyCycle값이 50%임을 의미한다.

DutyCycle값이 50%라는 의미는 한 번의 주파수 기간 동안 50%의 시간에는 On 신호를 주고 나머지 50% 시간은 Off 신호를 준다는 의미이다.

아두이노에서는 이런 PWM 신호를 출력할 수 있는 핀을 지정하고 있다. 우노/나노의 경우에는 PWM핀이 디지털 3,5,6,9,10,11번 핀으로 우노의 경우 PWM핀은 핀번호 옆에 ~표시를 붙여주어 PWM핀임을 표시해 주고 있다.

※ DutyCycle : 한 신호주기 안에 On과 Off 시간의 비율

만약 LED를 연결하고 해당 LED의 +극을 PWM핀에 연결 후 analogWrite 함수에 0~255 사이의 값을 주면 그 값에 따라 밝기가 변하는 것을 확인할 수 있다.

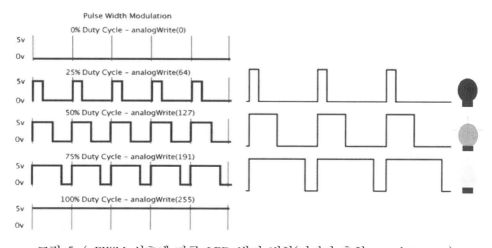

그림 5-4 PWM 신호에 따른 LED 밝기 변화(이미지 출처 : arduino.cc)

가변저항을 이용하여 PWM 신호값을 바꿔주어 LED의 밝기를 조절하는 프로그램을 작성해 보자. 가변저항은 전자회로에서 저항값을 임의로 조절할 수 있는 저항으로 회전형 가변저항과 직동형(직선으로 움직이는) 가변저항이 있다. 여기서 사용할 가변저항은 회전형 가변저항으로 GND, A0, VCC의 순으로 회로 연결하여 사용한다. 아날로그 핀에 연결하면 회전운동에 따라 변경되는 저항값을 읽어올 수 있다.

그림 5-5 회전형 가변저항

회로 구성을 위해서는 아두이노 우노, 브레드 보드, 가변저항, LED, 330Ω 저항, 점퍼 케이블이 필요하다.

❏ 회로 구성 내역

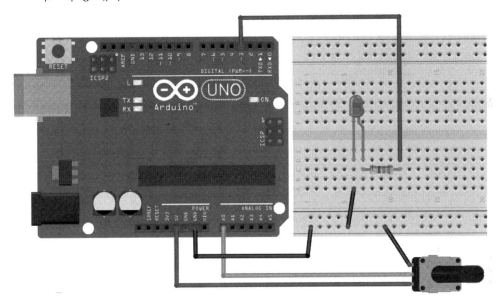

그림 5-6 가변저항으로 제어하는 LED 회로 구성도

❏ 동작 프로그램

```
void setup() {
    Serial.begin(9600);
}
void loop() {
  int iValue=analogRead(A0); // 가변저항의 현재 저항값을 읽어옴
```

```
//아날로그 입력값(0~1023)을 analogWrite제한범위(0~255)로 변환
int iDutyCycle=map(iValue,0,1023,0,255);
// 변환된 값으로 LED에 아날로그 출력
analogWrite(2,iDutyCycle);
// 가변저항 측정값과 PWM 변환 값을 시리얼 모니터에 출력
Serial.print("Read Value : ");    Serial.println(iValue);
Serial.print("PWM Value : ");    Serial.println(iDutyCycle);
}
```

소스를 살펴보면 가변저항의 값을 analogRead 함수를 이용하여 A0로부터 읽어 온다. 읽어온 값은 아날로그 입력값이므로 0~1023의 값을 가지게 되는데 analogWrite의 경우 0~255의 범위로 값을 전달하여야 하므로 A0에서 읽어온 값을 변환시켜줘야 할 필요가 있다. 이런 변환을 해주기 위하여 map 함수를 사용하였다. map 함수는 입력되는 숫자의 범위를 변환하여 주는 함수이다. map(value, inputMin, inputMax, outputMin, outputMax)의 형태로 사용된다. 위의 소스를 보면 0에서 1023의 범위로 입력되는 value값을 0에서 255값으로 바꾸어 준다. 프로그램 업로드 후 가변저항을 돌리면 LED의 밝기가 변하는 것을 확인할 수 있다.

5.3 아날로그 입/출력 함수를 이용한 조도센서 피아노 만들기

아날로그 입/출력에 관한 내용을 학습하였으므로 이번에는 조도센서와 수동부저를 이용하여 간단한 피아노를 구현해보자. 조도센서 피아노를 만드는 원리는 간단하다. 조도센서가 피아노 건반의 역할을 한다. 조도센서를 누르면(손가락으로 가리면) 조도센서로 들어오는 빛이 차단되어 조도센서의 저항값이 높아지게 되므로 이것을 활용하면 여러 개의 조도센서 중 어떤 조도센서가 눌려졌는지 확인할 수 있다. 이를 이용하여 각 조도센서에 매핑되는 음계를 지정하여 빛이 가려지는 조도센서에 따라 서로 다른 음이 나오도록 구현하면 된다.

회로 구성을 위한 준비물로는 아두이노 우노 보드, 브레드 보드, 점퍼 케이블, 수동부저, 조도센서 6개, 10KΩ 저항 6개, 조도센서를 고정할 수 있는 프레임이 필

요하다.

수동(passive)부저는 회로가 내장되어 있지 않아 주파수의 변화를 통하여 소리를 다르게 낼 수 있는 부저로, 주파수 값을 조정하여 다양한 소리를 만들 수 있는 부저이다. 각 계이름별 주파수는 아래와 같다.

음계	도	레	미	파	솔	라	시
주파수	262	294	329	349	392	440	494

아두이노에서는 tone 함수를 써서 수동부저를 제어할 수 있다.

❏ tone 함수 사용법

. tone(핀번호,주파수값) 또는 tone(핀번호,주파수값,지속시간)

. 사용 예시를 들어보면 8번핀에 수동부저를 연결하고 tone(8,262,300); 이렇게 tone 함수를 호출하면 "도"음이 0.3초 동안 발생된다. 소리를 중단하고 싶으면 noTone(핀번호) 함수를 사용하여 주파수 전송을 중단한다.

조도센서 피아노 회로도

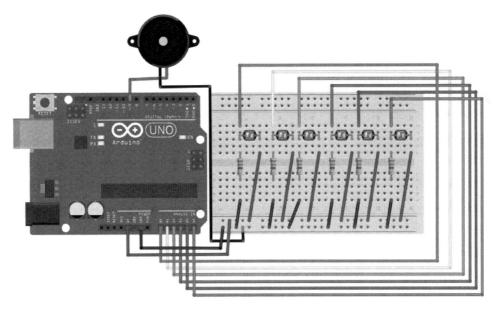

그림 5-7 조도센서 피아노 회로 구성도

❑ 동작 프로그램 소스

```
// 계이름별 주파수를 배열에 저장
int Freq[6]={262,294,330,349,392,440}; // 도, 레, 미, 파, 솔, 라


// 각 조도센서별로 임계치를 지정. 조도센서에 따라 측정되는 값의 범위가
// 다를 수 있으므로 임계치는 상황에 맞게 조절필요
int ThresHold[6]={150,150,150,150,150,150};
int buz=9; // 수동부저가 연결된 핀번호
int tempo=200; //소리 지속시간
void setup(){
  pinMode(buz,OUTPUT); // 수동부저를 OUTPUT 센서로 지정
}
void loop(){
  // 조도센서가 6개 이므로 각 조도센서별로 임계치 비교 작업을 진행하기
  // 위한 반복문
  for(int i=0;i<6;i++) {
    // A0~A5까지 순차적으로 조도센서값 수집
    int cds=analogRead(i);
    // 조도센서 수집값이 임계치보다 작으면(손가락으로 가려 어두워지면)
    if(cds< ThresHold[i]) {
      //해당 조도센서에 매핑되는 계이름 출력
      tone(buz,Freq[i],tempo);
      delay(200);
    }
  }
}
```

C언어를 처음 접해본 독자들은 소스가 조금 어렵게 느껴질 수도 있을 것 같아 소스에 대한 설명을 덧붙이면

❑ int Freq[6] = {262,294,330,349,392,440}; → '도'에서 '라'까지의 음계에 해당하는 주파수 값을 저장하는 배열이다.

❑ int ThresHold[6]={150,150,150,150,150,150}; → 조도센서의 임계치를 저장하는 배열이다. 어두웠을 때 조도센서의 값보다 조금 크게 설정하면 되며, 조도센서의 값은 센서마다 차이가 있으므로 해당 소스를 사용할 때는 조도센서에 맞게 이 값을 고쳐주어야 한다.

❑ for(int i=0;i<6;i++) → 사용한 조도센서의 개수가 6개이므로 조도센서가 손가락에 의해 가려졌는지를 확인하기 위해 조도센서의 현재 값과 임계치를 비교하는 작업을 6번 반복하여 수행하여야 한다. 이렇게 동일한 작업을 반복할 때 사용하는 것을 반복문이라고 하며 여기서는 for 반복문을 사용하여 6개의 조도센서 값을 수집, 비교하였다.

❑ int cds=analogRead(i); → 조도센서의 값을 가지고 와서 변수 cds에 저장하는 문장이다. 이 문장의 수행 위치를 살펴보면 for반복문의 블록 내에 포함되어 있으므로 반복문이 끝날 때까지 반복적으로 수행하게 된다. 해당 소스에서 정의한 for반복문의 증감 변수값인 i는 0에서 시작하여 5가 될 때까지 반복되므로 결국 A0에서 A5까지 연결되어 있는 조도센서의 조도 값을 차례대로 가지고 온다.

❑ if(cds< ThresHold[i]) → 조건문은 아날로그 핀에서 읽어온 아날로그 값이 임계치보다 작으면 조도센서가 가려졌다고 판단하고 부저를 이용하여 소리를 내도록 하기 위한 조건문이다. 앞의 5.1절에서 사용하였던 빛의 밝기에 따라 LED를 켜는 회로에서는 이 경우에는 저항을 VCC 쪽에 연결하여 빛이 적을수록 조도센서의 데이터 수집 값이 커지도록 구현하였으나 이번 장에서는 저항을 GND 쪽에 연결하여 빛이 적으면 조도센서 수집 값도 작아지도록 회로를 구성하였으므로 어두울수록 수집 값도 작아진다.

다음 페이지의 사진은 아크릴판과 조도센서를 이용하여 만들어본 조도센서 피아노 구현 사진이다.

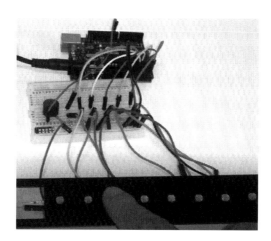

그림 5-8 조도센서 피아노 구현 예시

이번 소스에서는 기존에 사용하지 않았던 배열, 반복문, 증감 연산자등 새로운 C 언어 문법이 많이 사용되었다. 해당 문법들의 사용법에 대해 간략히 알아보자.

C언어 산술연산자

❏ 4칙 연산, 나머지 연산 등의 산술값을 계산하는데 사용되는 연산자

❏ 산술연산자 종류

연산자	연산 내역	사용예	결과값
=	왼쪽변수에 오른쪽 값을 할당	int a=10	a변수에 정수값 10을 할당
+,-,*,/	두 피연산자에 대한 사칙연산 값을 반환	b+c	b+c의 값을 반환
%	왼쪽 피연산자를 오른쪽 피연산자로 나눌때 나머지	b%c	10%3은 1을 반환
+=	왼쪽과 오른쪽 피연산자를 더한값을 왼쪽 피연산자에 저장	a+=b	a와 b를 더하여 a에 저장
-=	왼쪽피연산자에서 오른쪽 피연산자를 뺀값을 왼쪽 피연산자에 저장	a-=b	a에서 b를 빼서 a에 저장
*=	왼쪽과 오른쪽 피연산자를 곱한값을 왼쪽 피연산자에 저장	a*=b	a와 b를 곱하여 a에 저장
/=	왼쪽 피연산자를 오른쪽 피연산자로 나눈값을 왼쪽 피연산자에 저장	a/=b	a를 b로 나눈값을 a에 저장
%=	왼쪽 피연산자를 오른쪽 피연산자로 나눈 나머지를 왼쪽피연산자에 저장	a%=b	a를 b로 나눈 나머지를 a에 저장
++num	변수 값에 1을 증가한 후(선연산) 다음 연산 수행	a=++b	b값을 1증가 후 a에 대입
num++	연산 수행 후 변수 값에 1을 증가함(후연산)	a=b++	b값을 a에 대입 후 b값을 1증가
--num	변수 값에 1을 감소한 후(선연산) 다음 연산 수행	a=--b	b값을 1감소 후 a에 대입
num--	연산 수행 후 변수 값에 1을 감소시킴(후연산)	a=b--	b값을 a에 대입 후 b값을 1감소

C언어 반복문

❏ 반복문이란

. 주어진 조건을 만족하면 수행하고자 하는 구문을 계속 반복하여 수행하는 제어문이다.

❏ C언어 반복문의 종류

. for문

. while문

. do while문

. for문과 while문은 반복문내의 수행문을 수행하기 전에 조건식을 체크하여 조건식이 참인 경우에만 반복문을 수행하고 do while문은 반복문 내의 수행문을 1회 수행 후 조건식을 체크하여 참인 경우 반복문 수행한다.

❏ C반복문 수행 흐름도

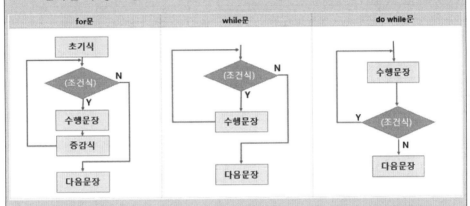

❏ for 문

. for문 형식

```
for(변수초기값;조건식;증감식)
{
    수행문1;
    수행문2;
    .....
}
```

사용예 →

```
#include <stdio.h>
void main()
{
  int i;
  int sum=0;
  for(i=1; i<=100;i++)
  {
          sum+=i;
  }
  printf("1~100 sum : %d",sum);
}
```

. 변수초기값에는 for문에서 사용할 변수의 초기값을 선언(위의 예시 i=1).

. 조건식에는 for문이 반복 수행되는 조건을 명시(위의 예시에서는 i가 100보다 작거나 같으면 반복문 내의 수행문장인 sum+=i를 반복적으로 수행.

. 앞의 예시에서 for 반복문 블록 내에 있는 sum+=i 문장의 의미는 sum 변수에 i값을 더한 후 그 값을 다시 sum 변수에 저장하라는 의미로, 결국 앞의 반복문은 1에서 100까지의 합을 구하는 반복문이다.

. 증감식에는 for문에서 사용되는 변수의 증감식을 지정(앞의 예시에서는 증감 연산자인 i++를 사용. 해당 연산자가 적용되어 위의 for 반복문은 반복문이 한번 수행될 때마다 i값이 1씩 증가)한다.

. 초기식, 조건식, 증감식은 각각 생략 가능함.

. 만약 초기식, 조건식, 증감식을 모두 생략하여 for(; ;)의 형식으로 사용하면 해당 반복문은 무한 반복된다.

. 수행 횟수에 따른 반복이 필요할 때 주로 사용한다.

❑ while문

. while문 형식

```
while(조건식)
{
    수행문1;
    수행문2;
    .....
}
```

사용예 ⟹

```
#include <stdio.h>
void main()
{
int i=0;
int sum=0;
while(i<=100)
{
        sum+=i;
        i++;
}
printf("1~100 sum : %d",sum);
}
```

. 조건식에 정의된 조건이 만족되면 while문 블록 내의 문장을 반복 수행(위의 예시에서는 변수 i의 값이 100보다 작거나 같으면 while 반복문 블록 내에 있는 sum+=i; i++; 문장을 반복하여 수행)한다.

. for문에 비해 조건식이 복잡하거나 반복문 수행 여부를 결정하는 인자의 변동 값이 단순한 숫자 연산이 아닌 경우에 사용한다.

❏ do while문

. do while문 형식

```
do
{
    수행문1;
    수행문2;
    .....
} while(조건식);
```

사용예 ⇒

```
#include <stdio.h>
void main()
{
  int i=1;
  int sum=0;
  do
  {
      printf("Loop count is : %d ",i);
      i++;
  }while(i<1);
}
```

. 조건식에 정의된 조건이 만족되면 do while문 블록내의 문장을 반복 수행(위의 예시에서는 i가 1보다 작은 경우 반복문 수행)한다.

. 조건식에 상관없이 블록내의 수행문을 먼저 한번 수행하고 조건식에 따라 반복 수행(위의 예시에서는 i의 초기값이 1이고 반복문의 조건은 i가 1보다 작은 경우에 반복문을 수행하도록 조건식이 되어 있으므로 초기값부터 반복문의 조건식을 만족하지 못하므로 최초 1회만 수행 후 반복문 밖으로 빠져나오게 된다.

. 최초 1회는 반드시 수행되는 반복문이다.

C언어 배열

❏ 배열이란?

. 동일한 자료형을 가지는 변수들의 집합

. 동일한 자료형의 데이터들을 특정한 메모리 공간에 순차적으로 저장하는 자료형이다.

❏ 배열의 각 방에 대한 번호를 인덱스라고 하며, 인덱스를 통하여 자기가 원하는 위치의 공간에 저장된 데이터를 접근할 수 있다.

❏ 배열의 선언

. 자료형 변수명[배열의 길이]

. int arr[100];➔정수형의 데이터를 저장할 수 있는 100개의 변수 공간을 가지는 배열로 arr[0], arr[1], arr[2]... arr[99]의 이름으로 100개의 방을 가진다.

. 배열의 첫 번째 인덱스는 0번부터 시작한다.

. 배열의 변수명은 메모리상의 배열의 시작번지를 가리킨다.

❏ 배열의 초기화

. int arr[10]={1};➔ 크기가 10인 배열의 첫 공간에는 1이 들어가고 나머지에는 0이 들어간다.

. int arr[]={1,2,3,4,5,6,7,8,9,10};➔ 초기화가 된 개수만큼(10개의 초기값이 정의되어 있으므로 크기가 10인 배열이 생성됨)의 배열이 생성된다.

❏ 배열 사용 예

. int data[20]; ➔ 방의 개수가 20개인 정수형 배열 선언.

. char mesg[200]; ➔ 방의 개수가 200개인 문자형 배열.

❏ 배열 데이터 입력/출력

. 배열의 인덱스를 이용하여 배열 데이터에 입력/출력을 수행할 수 있다.

. 반복문을 사용하여 배열의 각 방에 데이터를 넣어 줄 수 있다

❏ 배열사용 예시

. 배열에 0~9까지의 숫자를 넣고 그것을 거꾸로 출력하는 예시

```c
int eng[10];
int i;
for(i=0;i<10;i++)
{
    eng[i]=i; // 배열의 각 방에 데이터를 입력
}
for(i=9;i>=0;i--)
{
    printf("%d ",eng[i]); //배열의 마지막 방부터 데이터를 출력
}
```

CHAPTER 06

센서활용하기

1. 초음파센서 사용하기
2. 서보모터 사용하기
3. 토양수분센서 사용하기

CHAPTER6 센서활용하기

6.1 초음파센서 사용하기

초음파센서(HC-SR04)는 약 20kHz이상의 높은 주파수의 소리를 보낸 후 반사되어 돌아오는 시간차를 측정해서 거리를 알 수 있는 센서로, 후방 감지, 접근 감지, 자율 주행등 거리에 따라 출력 제어가 필요한 다양한 분야에서 사용된다.

초음파센서의 모양 및 핀 정보는 아래 그림과 같다.

GND 핀 : 그라운드(-)에 연결
Echo 핀 : 전송된 초음파가 물체에 반사되어 수신되면 HIGH 상태에서 LOW로 전이
Trig 핀 : 초음파를 송신→ 해당 핀에 HIGH 시그널이 들어오면 초음파를 전송
VCC 핀 : 5V에 연결하여 준다.

그림 6-1 초음파센서 형태 및 핀 정보

초음파센서는 Trig핀에 연결된 압전소자에 전압을 가해서 초음파를 발생시키고 전방의 물체에 반사되어 돌아오는 음파를 Echo핀으로 받아서 전압을 발생시키는 구조로 목재, 콘크리트, 종이, 유리 등의 단단한 물체는 초음파를 거의 100% 반사하지만 옷감과 같이 물질은 초음파를 흡수하기 때문에 정확한 거리 값을 알기 어렵다. 초음파센서의 유효 측정거리는 2~400cm까지이며, 좌우 약 15도 각도 내의 물체에 대하여 거리 측정이 가능하다. 초음파 신호 발생, 전송, 물체로부터 초음파가 반사되어 돌아오는 시간 등을 감안하여 측정 주기는 60ms 이상 주어야 한다.

❏ 초음파를 이용한 거리 측정 계산 식

. 초음파(소리)가 초당 340m를 이동하므로 이를 cm로 환산하면 340*100이며 이 식을 이용하여 (음파가 되돌아온 시간 – 음파를 전송한 시간)*340*100을 하면 초음파의 총 이동거리를 계산할 수 있다. 초음파센서로 측정되는 거리 값은 물체에 반사되어 돌아온 왕복거리이므로 산출된 수치에서 2를 나누어 주면 물체와의 거리를 계산할 수 있다.

❏ 초음파센서의 동작 개념도 및 타이밍 차트

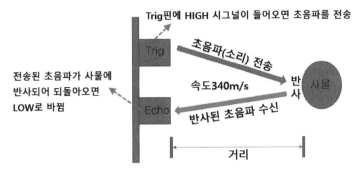

그림 6-2 초음파센서 동작 개념도

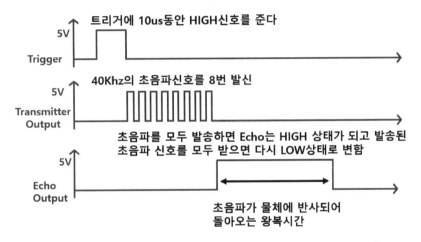

그림 6-3 초음파센서 타이밍 차트

❏ 초음파센서를 이용한 거리 측정 프로그램 구현 단계

. 위의 타이밍 차트와 동작 흐름을 통해 초음파센서를 사용하기 위해서는 다음과 같은 과정을 거쳐야 함을 알 수 있다.

① Trig핀은 초음파를 발송하는 디지털 출력 핀이므로 OUTPUT으로 설정하고 Echo핀은 초음파를 수신하는 디지털 입력 핀이므로 INPUT으로 설정한다.

② 거리를 측정하기 위한 초음파를 발생시키기 위해 Trig핀에 HIGH 신호를 준 후 10μs후에 LOW 신호를 준다.

③ 발송이 완료되면 Echo핀이 HIGH상태로 전환되고, 반사되는 초음파가 수신이 완료되면 Echo핀 상태가 LOW로 전환된다. 거리계산을 위해 Echo핀이 HIGH 상태로 전환된 시간부터 다시 LOW상태로 바뀐 시간을 측정한다.

④ 거리 계산 공식을 이용하여 거리를 계산

위의 구현 단계에서 가장 중요한 것이 초음파가 반사되어 돌아온 시간을 측정하는 구간인 Echo핀이 1이 되었다가 0으로 전이되는 시간을 알아내는 것이다. 이 시간은 아두이노에서는 제공하는 pulseIn(핀번호,value,timeout)이라는 함수를 사용하면 쉽게 알아낼 수 있다. 이 함수는 매개변수로 전달된 핀의 값이 value의 상태(HIGH 또는 LOW)가 되면 타이머를 가동시켜 그 값이 전이되는 시간(HIGH에서 LOW로 또는 LOW에서 HIGH로 바뀌는 시간)을 되돌리는 함수이다. 앞의 타이밍 차트에서 우리가 측정해야 하는 시간은 Echo핀이 HIGH상태로 바뀐 뒤 다시 LOW상태로 될 때까지 걸리는 시간이므로 매개변수로 HIGH를 전달한다.

초음파센서 거리측정 프로그램을 앞에서 설명한 초음파센서 거리 측정 구현 단계에 맞춰 번호를 표시하였다.

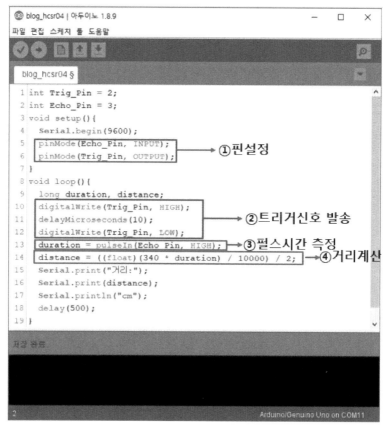

그림 6-4 초음파 센서를 이용한 거리측정 프로그램

하기와 같이 초음파센서 거리 측정을 위한 회로를 구성 후 앞의 프로그램을 업로드하고 초음파센서 주변으로 물체를 가져가면 시리얼 모니터로 물체와의 거리가 측정되는 것을 확인할 수 있다.

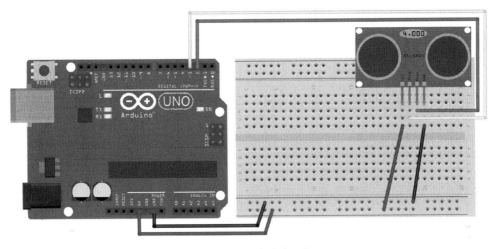

그림 6-5 초음파센서 회로도

6.2 서보모터 사용하기

서보모터는 아두이노 프로젝트를 할 때 가장 많이 활용되는 액추에이터 중 하나이다. 일반적인 DC모터는 연속적인 회전운동을 하는 반면, 서보모터는 움직이는 각도를 조절할 수 있는 모터이다. 서보모터는 보통 0~180도 사이의 각도 내에서 작동한다. 서보모터의 작동 범위, PWM 주기, DutyCycle 범위 등은 서보모터 제조사마다 차이가 있으며, 90도만 움직일 수 있는 서보모터, 120도만 움직일 있는 서보모터도 있으므로 각 서보모터의 datasheet를 참고하여야 한다. 여기서는 널리 사용되는 sg90 서보모터를 기준으로 설명하겠다.

❑ 서보모터 형태 및 핀 정보

그림 6-6 서보모터 핀 정보

서보모터를 쉽게 사용하는 방법으로는 아두이노에서 제공하는 서보모터 제어용 라이브러리인 Servo 라이브러리를 사용하는 것이다. 서보모터를 제어하고자 하는 프로그램에서 헤더파일에 Servo.h를 추가하면 사용할 수 있다.

❑ Servo 라이브러리의 서보모터 제어 함수

. Servo obj : obj라는 이름으로 서보모터 객체 생성.

. attach(핀번호) : 서보모터에 연결한 핀을 아두이노에 할당시켜 서보모터를 제어하도록 하는 함수.

. detach() : 서보모터와 연결된 핀의 할당을 비활성화 시켜주는 함수.

. write(각도) : 서보모터를 전달된 각도만큼 회전시켜 주는 함수.

. attached() : 서보모터가 핀에 할당되어 제어할 수 있는지를 체크하는 함수로 서보모터가 할당되어 있으면 true를 그렇지 않으면 false를 반환.

서보모터를 사용할 때 한 가지 주의할 점은 서보모터 동작범위 최대치(0도 혹은 180도)까지 서보모터를 동작시키면 서보모터에 무리가 발생할 수 있다는 점이다. 여기서는 서보모터의 최소, 최대 동작 각도를 10~170도로 지정하였다.

이번에는 가변저항을 이용하여 서보모터의 각도를 변경시켜 주는 프로그램을 만들어 보도록 하자. 회로 구성은 아래와 같다.

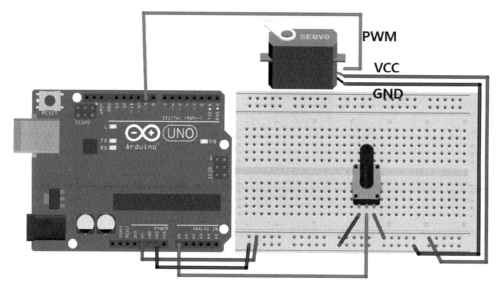

그림 6-7 서보모터 제어 회로도

가변저항의 시그널 핀은 A0에 연결하였고 서보모터의 시그널 핀은 디지털 9번에 연결하였다.

프로그램은 5장에서 구현하였던 가변저항을 이용한 LED 밝기 조절을 참고하여 구현하면 된다. 가변저항을 이용하여 아날로그 값을 전달받아 서보모터의 각도를 조정해 주기 위해 map 함수를 사용하여 가변저항에서 전달되는 0~1023의 아날로 그 값을 10~170의 서보모터 각도 값으로 변환시켜 주었다.

```
#include 〈Servo.h〉 //서보모터 제어를 위한 라이브러리 추가
#define SERVO_PIN 9 //서보모터 연결 핀 번호
Servo myservo; // 서보모터 제어를 위한 객체 생성
void setup()
{
    // 서보모터를 9번핀을 통해 제어하도록 할당
    myservo.attach(SERVO_PIN);
}
void loop()
{
    // 가변저항의 저항값을 읽어옴
    int analog_val = analogRead(A0);
    // 가변저항 저항값을 서보모터 각도 값으로 매핑
    int angle = map(analog_val, 0, 1023, 10, 170);
    myservo.write(angle);
    delay(15);
}
```

제어 프로그램 구현 내역을 설명하면, 먼저 서보모터 제어 라이브러리 사용을 위하여 Servo.h 헤더파일을 포함시켜 주고, 서보모터 사용을 위한 객체를 생성한 후 attach 함수에 서보모터를 연결한 핀정보를 전달하여 서보모터를 제어할 수 있도록 준비한다. 그 이후에는 loop 함수 내에서 write 함수를 이용하여 서보모터 각

도를 조절하여 주면 된다. 서보모터가 이동할 시간을 확보하기 위하여 delay 함수를 사용하였다.

6.3 토양수분센서 사용하기

토양수분측정(YL-69)센서는 토양의 수분이 얼마큼 있는지 측정하는 센서로 스마트 화분, 스마트 팜과 관련된 프로젝트 수행 시 많이 사용되는 센서이다. 해당 센서는 두 전극 부분에서 전류를 흘려보내 그에 대한 저항값으로 수분의 함량을 측정하는 센서로 수분의 함량이 많으면 저항값이 적어 전류가 잘 흐르고 수분의 함량이 적으면 저항값이 많아 전류가 잘 흐르지 않는 점을 이용한다. 아날로그 출력데이터는 저항값을 환산한 데이터로 수분이 많을 경우 저항값이 낮아져 아날로그 출력값이 낮아지고 수분이 적으면 저항값이 높아져 아날로그 출력값이 높아진다.

토양수분센서 모양 및 핀 정보는 아래 그림과 같다.

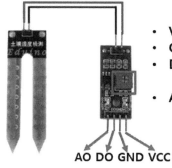

- VCC : 3.3V~5V 사이에 전압 연결
- GND : GND 연결
- DO : 수분의 양에 따라 1,0 두가지 값을 출력하며 가변저항을 이용하여 감도를 조절할 수 있다.
- AO : 0~1023 값을 출력하며 수분이 전혀 없으면 1023을 반환. 수분의 양이 많아질수록 낮아짐.

그림 6-8 토양수분센서

여기서 다루는 토양수분센서는 아날로그 출력핀과 디지털 출력핀을 모두 가지고 있는 센서로 알맞은 용도에 따라 시그널 핀을 연결하여 사용하면 된다. 디지털 값을 입력받으려면 DO를 디지털 핀에 연결 후 pinMode를 INPUT으로 지정하여 digitalRead 함수를 사용하여 데이터를 읽어들이면 되고, 아날로그 값을 받으려면 AO를 아날로그핀에 연결 후 analogRead 함수를 사용하여 데이터를 읽어들이면 된다.

토양수분센서를 이용하여 토양의 수분을 측정하기 위한 회로도 및 소스는 다음과 같다. 시리얼 모니터에 디지털 값, 아날로그 값을 출력하도록 프로그램 하였다.

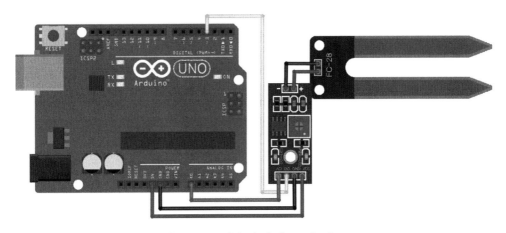

그림 6-9 토양수분센서 구현 회로도

❑ 프로그램 소스 및 출력결과

```
#define MOISTURE_PIN 3 //토양수분센서 디지털 연결핀 지정
void setup() {
  Serial.begin(9600);
  pinMode(MOISTURE_PIN,INPUT); // 3번핀을 디지털 입력핀으로 지정
}
void loop() {
  // 수분센서 아날로그 값을 가지고 옴
  int analog_value=analogRead(A0);
  // 수분센서 디지털 값을 가지고 옴
  int digital_value=digitalRead(MOISTURE_PIN);
  Serial.print("Soil Moisture : Analog-> ");
  Serial.print(analog_value);
  Serial.print(", Digital -> ");
  Serial.println(digital_value);
  delay(500);
}
```

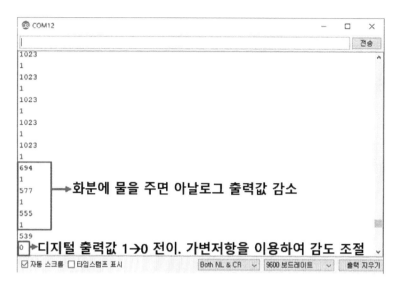

그림 6-10 토양수분센서 구현 결과

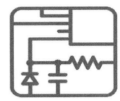

CHAPTER 07

라이브러리를 이용한 센서제어

1. 라이브러리 추가하기
2. 온습도 측정센서
3. 1602LCD에 출력하기
4. 로드셀 사용하기
5. 네오픽셀 사용하기
6. 8*8 도트매트릭스 사용하기
7. 지문인식센서 사용하기

CHAPTER7 라이브러리를 이용한 센서제어

라이브러리란 프로그램 작성 시 특정한 기능을 수행하기 위하여 작성되어 있는 모듈(클래스, 함수 등) 그룹이다. 일반적인 개념의 라이브러리는 소스는 제공되지 않고 컴파일되어 있는 파일로 확장자가 *.lib, *.dll, *.a, *.jar 파일로 되어 있는 것들이 라이브러리 파일이다. 아두이노 스케치에서 사용되는 라이브러리들은 사전에 컴파일 되어 있지 않고 *.cpp 형태로 되어 있어 라이브러리를 사용하기 위한 헤더파일을 프로그램 내에 포함(include)시키면 컴파일 시 라이브러리 파일도 함께 컴파일된다. 라이브러리 소스가 공개되어 있다는 얘기는 라이브러리를 원하는 상황에 맞게 수정할 수도 있다는 의미이다. 만약 소스 분석이 가능하다면 아두이노에 추가한 라이브러리를 내 상황에 맞춰 편집하여 컴파일 할 수도 있다.

7.1 라이브러리 추가하기

아두이노에서 사용되는 센서는 굉장히 다양하다. 이러한 센서들 각각의 데이터시트를 분석하여 그에 맞는 프로그램을 구현하려고 한다면 조그마한 프로젝트를 진행한다고 하더라도 시간이 굉장히 많이 소요될 것이다. 다행히도 많이 사용되는 센서들은 센서 제작사나 혹은 사용자들이 그 센서를 사용하기 위한 라이브러리를 제작하여 아두이노 포럼이나 github 등에 올려놓고 공유하고 있다. 이러한 라이브러리를 활용하면 아두이노를 보다 쉽게 활용할 수 있다.

아두이노에서 라이브러리를 추가하는 방법은 2가지이다. 라이브러리 매니저를 이용한 라이브러리 추가와 zip 파일을 이용한 라이브러리 추가이다. 두 가지 방법 모두 아두이노 통합개발 환경(IDE)의 "스케치"메뉴에서 추가하며 라이브러리를 추가하면 해당 라이브러리 관련 헤더파일과 소스파일이 아두이노의 라이브러리 디렉토리에 복제되어 컴파일 시 함께 컴파일 된다.

먼저 라이브러리 매니저를 이용한 라이브러리 추가 방법에 대해 알아보자. IDE 메뉴에서 "스케치>라이브러리 포함하기>라이브러리 관리" 메뉴를 선택하면 라이브러리 매니저 창이 뜬다. 해당 매니저 창에서 찾고자 하는 라이브러리를 입력 후 검색 버튼을 누르면 입력된 검색어와 관련된 라이브러리 목록이 뜨고, 그 목록 중 설치하고자 하는 라이브러리를 선택하여 설치 버튼을 누르면 라이브러리가 설치된다. 설치가 완료되면 아두이노 설치 디렉토리의 libraries 디렉토리 밑에 추가한 라이브러리 이름의 디렉토리가 생성되고 해당 디렉토리 밑에 소스 파일들이 복사되어 있는 것을 확인할 수 있다.

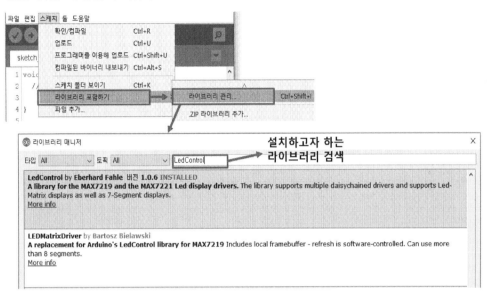

그림 7-1 라이브러리 매니저를 이용한 라이브러리 추가

다음으로는 zip 파일을 이용한 라이브러리 추가 방법이다. 아두이노로 작업을 하다 보면 라이브러리 매니저를 이용하는 방법보다는 github 등에서 다운로드한 zip 파일을 이용한 라이브러리 추가하는 방법이 더 자주 사용되는 것 같다. 먼저 사용하고자 하는 센서와 관련된 라이브러리를 github 등에서 찾아 다운로드한다. 그런 다음 아두이노 IDE메뉴에서 "스케치>라이브러리 포함하기>ZIP라이브러리 추가"를 선택하면 탐색기 창이 뜬다. 여기서 설치하고자 하는 라이브러리 zip 파일이 다운로드 된 위치를 찾아 해당 파일을 선택하여 확인을 누르면 라이브러리가 설치된다.

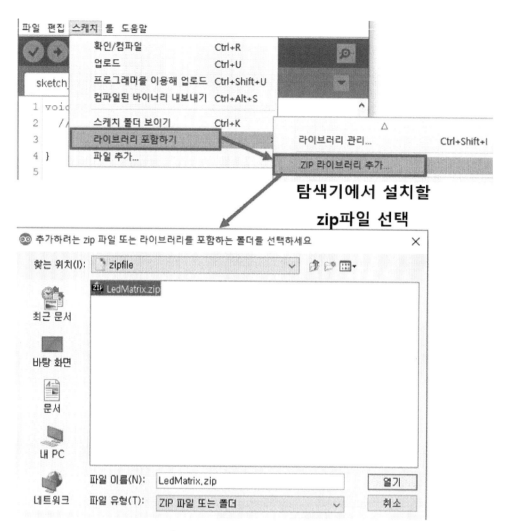

그림 7-2 zip파일 라이브러리 추가

그럼 라이브러리를 이용하여 제어할 수 있는 센서들을 알아보도록 하자.

7.2 온습도 측정센서(DHT11)

DHT11 센서는 정밀도가 높은 센서는 아니지만 비교적 쉽게 온/습도를 측정할 수 있어서 많이 사용되는 센서이다. 습도를 측정하는 방법은 토양수분 센서와 비슷하다. 서로 연결되지 않은 두 전극 사이에 흐르는 전류량을 측정하는 방식으로 공기 중의 수분함량에 따라 흐르는 미세 전류량이 차이가 나는 것을 이용하여 습도를 측정한다. 온도 측정은 물질의 저항이 온도에 따라 차이가 발생하는 물질(서미스터)을 이용하여 측정한다. 사용 전압은 3.3V~5V이며 모듈 형식으로 판매되는 제품마다 핀 배열은 차이가 있으므로 확인을 잘 하고 사용하여야 한다.

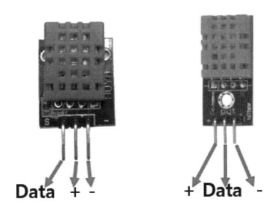

그림 7-3 DHT11센서 모듈 핀맵

모듈 형식의 제품을 사용하면 회로 구성도 쉽고 회로 구성할 때 오류가 발생할 가능성도 적으므로 전자회로를 공부하는 목적이 아닌, 일반적으로 센서들을 조합하여 무언가 결과물을 만들어내는 프로젝트를 진행한다면 모듈로 구성된 센서 사용을 권장한다. DHT11 센서 회로 구성은 다음과 같다.

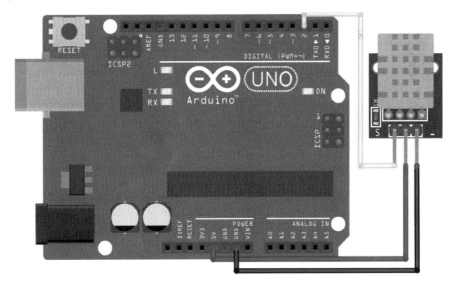

그림 7-4 DHT11센서 사용 구성 회로도

DHT11 센서 사용하기 위한 라이브러리는 다양하다. 필자가 아두이노 라이브러리를 검색할 때 많이 사용하는 github 사이트(github.com)에 들어가서 DHT11을 검색해보면 DHT11과 관련된 라이브러리가 꽤 많이 검색될 것이다. 그중에서 자신에게 맞는 라이브러리를 사용하면 된다. 여기서는 간단하게 온도/습도 정보를 가지고 올 수 있는 https://github.com/adidax/dht11 라이브러리를 다운로드해 사용하였으며 앞서 설명한 zip 파일 라이브러리를 등록하는 방법대로 라이브러리를 등록하면 된다. 라이브러리 사용법은 read(핀번호) 함수를 호출하면 이 read 함수에서 온/습도 정보를 읽어와서 dht11클래스의 멤버 변수인 temperature와 humidity에 온도, 습도 값을 각각 저장한다. 센서 데이터를 읽어온 후 온/습도 값을 출력하려면 해당 변수를 출력하면 된다. 이 라이브러리를 이용하여 온/습도 정보를 가지고 오는 소스 및 수행 결과는 다음과 같다.

```
#include "dht11.h" //DHT11센서용 라이브러리 사용을 위한 헤더파일
#define DHTPIN 2 //DHT11센서를 연결한 핀번호
dht11 DHT; //DHT11 센서 제어를 위한 객체 생성
void setup() {
    Serial.begin(9600);
}
void loop() {
    DHT.read(DHTPIN);   //DHT11센서로부터 데이터를 수집
    Serial.print("TEMP : ");
    Serial.print(DHT.temperature); // 클래스변수에 저장된 온도값 출력
    Serial.print("℃ HUM : ");
    Scrial.print(DHT.humidity); // 클래스변수에 저장된 습도값 출력
    Serial.println("%");
    delay(500);
}
```

```
COM10                                                    —    □    ×

                                                                전송
TEMP : 24℃ HUM : 51%                                              ^
TEMP : 23℃ HUM : 51%
TEMP : 23℃ HUM : 51%
TEMP : 23℃ HUM : 51%
TEMP : 24℃ HUM : 51%
TEMP : 24℃ HUM : 51%
TEMP : 24℃ HUM : 51%
TEMP : 24℃ HUM : 51%
TEMP : 24℃ HUM : 51%
TEMP : 24℃ HUM : 51%
TEMP : 23℃ HUM : 51%
TEMP : 23℃ HUM : 51%
TEMP : 23℃ HUM : 51%
TEMP : 24℃ HUM : 51%
TEMP : 24℃ HUM : 51%
TEMP : 24℃ HUM : 51%
                                                                 v
☑ 자동 스크롤 ☐ 타임스탬프 표시      캐리지 리턴 v  9600 보드레이트 v  출력 지우기
```

그림 7-5 DHT11센서 데이터 취합 결과

7.3 1602 LCD에 출력하기

1602LCD는 16개의 문자를 2줄에 걸쳐서 표시할 수 있는 LCD 모듈로 아두이노 연결 시 16개의 핀을 연결하여 사용하는 센서이다. 최근에는 1602LCD에 I2C 통신 어댑터가 붙여져서 보다 쉽게 연결할 수 있는 제품이 많이 사용된다. I2C 통신 어댑터가 연결된 모듈을 사용하여 데이터를 출력해보자. 통신 모듈인 I2C 어댑터를 이용하면 VCC, GND, SLA, SDA의 4개 핀을 연결하여 손쉽게 LCD 제어가 가능하다. I2C 어댑터가 부착되어 있는 1602LCD 센서 이미지이다.

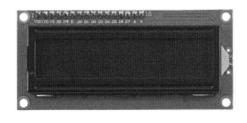 

그림 7-6 I2C모듈이 부착된 1602LCD

앞서 언급한 대로 1602LCD는 총 16문자×2열의 총 32개의 문자를 출력할 수

있고 각 문자는 5×8 도트매트릭스로 구성되어 있어 40개의 점을 이용하여 하나의 문자를 표현할 수 있다.

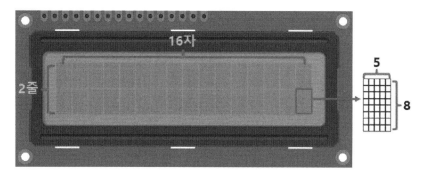

그림 7-7 1602LCD 스크린 구성 내역

센서 사용을 위한 라이브러리 설치에 앞서 I2C 통신에 대해 간략히 알아보자. I2C(Inter Intergrated Circuit) 통신은 2개의 라인을 이용하여 여러 개의 센서들을 제어할 수 있는 시리얼통신(직렬) 방식이다. 아래 그림에서 보면 SDA(Serial Data Line)와 SCL(Serial Clock Line), 두 개의 선으로 통신을 수행한다. 앞서 4장에서 시리얼 모니터로 데이터를 전송하는 UART 통신은 클럭신호를 주지 않는 비동기식 통신방법이라고 설명하였는데, I2C 통신은 동기식 통신방식으로 클럭신호를 사용하여 데이터 전송 시작과 끝을 표시할 수 있도록 하여 준다. SDA 선으로 데이터가 전송되며 SCL 선으로는 클럭신호(동기신호)를 전송된다.

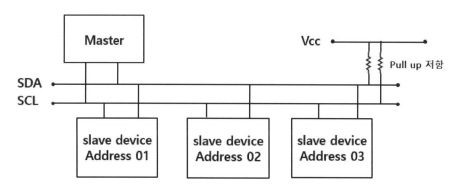

그림 7-8 I2C Master-Slave 연결구성도

"2.1 아두이노 회로 구성하기"편에서 언급하였듯이 아두이노의 경우 I2C 통신을 위한 SDA핀은 A4, SCL핀은 A5번으로 지정되어 있다. I2C 어댑터의 연결핀이

GND, VCC, SDA, SCL 순으로 되어있으므로 회로 구성은 간단하다.

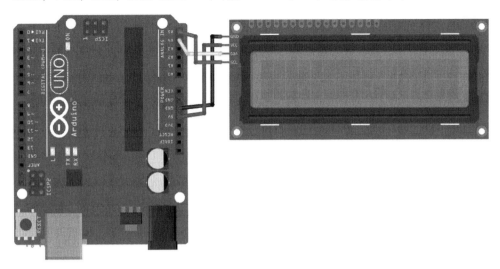

그림 7-9 1602LCD 연결 회로도

LCD 제어를 위한 라이브러리는 다음의 URL로 접속하여 zip 파일을 다운로드한 후 해당 zip 파일을 라이브러리에 등록시킨다. zip 파일을 다운로드할 URL은 https://github.com/fdebrabander/Arduino-LiquidCrystal-I2C-library이다.

해당 라이브러리에서 사용되는 주요 함수는 다음과 같다.

❑ LiquidCrystal_I2C(I2C 통신 주소, 칼럼개수, 로우개수): LiquidCrystal_I2C 클래스 생성자. LCD사용을 위한 클래스를 생성해 줌. 첫 번째 매개변수는 I2C 통신을 위한 주소 값을 넣어주며, 1602LCD에 연결된 I2C통신모듈은 아두이노와 통신시 보통 0x27 혹은 0x3F로 통신한다. 칼럼 개수는 16, 로우 개수는 2를 넣어주면 된다.

❑ begin() : LCD를 초기화하여 주는 함수. LCD를 사용하기 전에 호출 필요

❑ clear() : LCD 상의 문자를 지워주는 함수

❑ home() : LCD 출력 위치를 맨 처음으로 이동시켜 주는 함수

❑ setCursor(row,col) : 출력 위치를 지정된 row, col로 옮겨 주는 함수

❑ print(data) : LCD에 data를 출력하는 함수

❑ createChar(num, data): lcd에 원하는 문양을 만들어서 표시하고 싶을 때 사용. num은 문자를 저장할 위치번호(0~7). data는 표현하고자 하는 문자를 5×8

도트매트릭스로 표현한 바이트 배열

❑ write(num) : 사용자 정의 문자를 출력. num은 문자가 저장된 위치번호

앞에서 LCD의 화면을 설명할 때 각 셀은 5×8의 도트매트릭스로 구성되어 있다고 설명하였다. 이를 활용하면 내가 원하는 문자나 문양을 만들어 낼 수 있다. 5×8 도트매트릭스에 맞는 문자 코드를 보다 쉽게 생성할 수 있도록 도와주는 사이트도 여럿 있는데 https://maxpromer.github.io/LCD-Character-Creator/사이트에 접속하면 5×8의 도트매트릭스에 맞춰 쉽게 문자코드를 생성할 수 있다.

아두이노에서는 I2C 통신 수행을 위한 라이브러리인 Wire 라이브러리를 제공한다. 우리가 설치한 lcd 라이브러리도 I2C 통신을 수행 시 해당 Wire 라이브러리를 이용한다. 이제 lcd에 글자와 아이콘을 표시하도록 프로그램을 만들어보자. 이번 프로그램은 lcd의 첫 번째 줄에는 "welcome"과 "smile"을 번갈아 출력하고 두 번째 줄의 2,3,4번째 칸에 ♡와 웃는 얼굴 모양을 번갈아 출력하도록 하는 프로그램이다.

```
//I2C 통신어댑터가 연결된 LCD 사용을 위한 라이브러리 헤더파일
#include 〈LiquidCrystal_I2C.h〉
//LCD사용을 위한 객체 생성 I2C 주소 값과 컬럼 수(16) 라인수(2)를
// 매개변수로 전달한다. 주소 값은 0x27 혹은 0x3F이다.
LiquidCrystal_I2C lcd(0x27, 16, 2);
byte customChar[][8] = {
  // 하트모양 코드 생성
  {
    B01010,
    B10101,
    B10001,
    B10001,
    B10001,
    B01010,
```

```
    B00100,
    B00000
  },
  // 웃는얼굴 모양 코드생성
  {
    B00000,
    B00000,
    B01010,
    B00000,
    B10001,
    B01110,
    B00000,
    B00000
  }
};
// 위의 코드에서 1로 표시된 항목들이 5×8 도트매트릭스에서 불이 들어
// 오는 위치이다.
int iSet=0; // 화면을 바꿔가면서 출력하기 위해 0혹은 1의 값을 갖는 변수
void setup()
{
  lcd.begin(); //lcd 활성화
  //하트모양 문자 생성하여 0번방에 저장
  lcd.createChar(0, customChar[0]);
  // 웃는 얼굴 문자 생성하여 1번방에 저장
  lcd.createChar(1, customChar[1]);
}
```

```
//5×8 매트릭스에 문자코드 출력
void write_ch(int ch_num)
{
  lcd.setCursor(1,1); //2라인의 두번째 열로 이동
  //문자코드를 3회 반복하여 출력
  for(int i=0; i<=2;i++)
  {
      //매개변수로 전달된 문자를 저장한 방번호에 있는 문자 출력
      //이 프로그램에서는 0번에는 하트, 1번에는 웃는 얼굴 문자 저장
      lcd.write(ch_num);
  }
}
void loop(){
  lcd.home();
  //iSet값에 따라 화면을 번갈아가면서 출력
  if (iSet%2){
    lcd.print(" Welcome ");
    // 하트 문자 출력을 위한 함수 호출
    write_ch(0);
    iSet=0;
  }
  else{
    lcd.print(" Smile! ");
    // 웃는 얼굴모양 문자 코드 출력을 위한 함수 호출
    write_ch(1);
    iSet=1;
  }
```

```
    delay(1000);

    lcd.clear();

}
```

해당 프로그램을 업로드하면 1602LCD에 아래와 같은 화면이 번갈아 출력되는 것을 확인할 수 있다.

그림 7-10 1602LCD 프로그램 수행 결과

7.4 로드셀 사용하기

로드셀은 무게, 혹은 압력을 측정할 때 사용되는 센서로 압력이 가해지면 물체의 변형이 일어나는 현상을 이용한 센서이다. 탄성이 있는 소자(strain gauge)가 압력을 받으면 수축과 팽창이 발생하면서 저항값이 바뀌는 현상을 이용하여 무게나 압력을 계산한다. 압력이 없어지면 측정소자는 탄성으로 인해 처음 상태로 되돌아가게 된다. 로드셀로 측정되는 저항값은 매우 작으므로 로드셀을 사용하려면 해당 저항을 증폭시켜주는 증폭기가 필요하다.

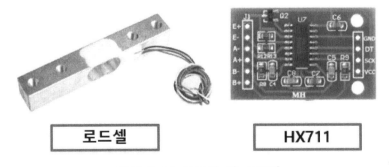

로드셀   HX711

그림 7-11 로드셀 및 증폭기

로드셀을 사용하기 위해서는 앞에서 설명하였듯이 압력이 가해지면서 발생하는 변형의 정도를 측정하여야 하므로 압력을 받는 고정판과 로드셀 사이에 약간의 이격이 있어야 한다. 다음 그림의 네모 박스 안의 아크릴 구조물처럼 고정판과의 이격을 만들어 주는 지지대가 필요하다.

그림 7-12 로드셀 정면

로드셀을 사용하기 위해서는 조금 번거로운 작업이 필요하다. 보통 로드셀과 증폭기가 연결이 안 되어 있기 때문에 납땜을 해주어야 한다. 로드셀은 초록, 검정, 하양, 빨강의 총 4개의 연결선이 있는데 이 선들을 HX117 센서에 연결하는 방법은 로드셀의 각 선을 초록->A+, 흰색->A-, 빨강->E+, 검정->E-로 연결하여 납땜한다.

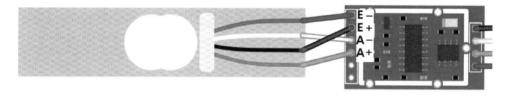

그림 7-13 로드셀 증폭기 연결도

로드셀과 증폭기의 연결이 완료되었으면 증폭기와 아두이노를 연결하는 회로를 구성한다. 핀의 순서는 GND, DT, SCK, VCC로 되어 있으며 DT, SCK는 디지털 핀에 연결 후 프로그램에서 연결된 핀번호를 넣어주면 된다. DT는 디지털 아웃을 SCK는 clock 신호를 의미한다.

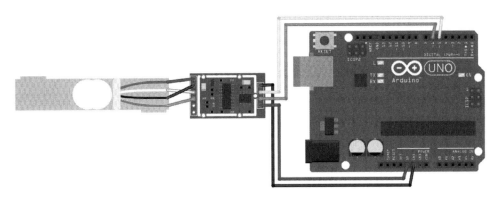

그림 7-14 로드셀 아두이노 연결회로도

회로 구성이 완료되었으면 증폭기(HX711)를 제어하는 라이브러리를 설치한다. 이번에는 라이브러리 매니저를 이용하여 HX711을 사용하기 위한 라이브러리를 추가해 보도록 하자. IDE에서 라이브러리 관리 메뉴를 선택하면 라이브러리 매니저 창이 뜨고 여기서 HX711로 검색을 하면 여러 개의 라이브러리들이 있는데 이 책에서는 Bogdan Necula가 만든 라이브러리를 사용하였다.

그림 7-15 증폭기 라이브러리 선택 후 설치

해당 라이브러리에서 사용되는 주요 함수는 다음과 같다.

❑ begin(DT핀번호,SCK핀번호, gain = 128) : 증폭 센서 사용을 위한 초기화 함수. 연결핀번호를 지정해 주고 증폭 비율을 지정해 준다. default 증폭 비율은 128이며 증폭기의 B채널에 센서를 연결하였을 경우에는 32로 바꾸어 주어야 한다.

❑ is_ready() : 데이터를 취합할 상태가 되었는지를 체크하는 함수.

❑ read_average(수집 횟수) : 전달된 수집 횟수만큼 센서 데이터를 읽어 들여 평균값을 되돌리는 함수. 수집 횟수를 지정하지 않으면 default 값인 10회를 취합하여 그 평균값을 반환한다.

❑ get_value(수집 횟수) : read_average() 값에서 보정값(offset 값)을 뺀 데이

터의 평균값을 되돌리는 함수. 수집 횟수를 지정하지 않으면 default 값인 1회 취합하여 평균값을 반환한다.

❑ get_unit(수집횟수) : get_value() 값을 단위 값(scale)으로 나누어준 평균값을 되돌리는 함수. 매개변수를 넘기지 않으면 default 값인 1회 취합하여 평균값을 반환한다.

❑ tare() : 무게 측정을 위한 보정값(offset값)을 설정하는 함수. 처음 초기화 단계에서 로드셀에 부하를 주지 않은 상태에서 로드셀 변형 값을 가져와 세팅한다.

❑ set_scale() : 센서에서 취합된 값을 원하는 무게단위 값으로 변환시키기 위한 변환 값(scale)을 저장하는 함수.

❑ power_down() : 증폭 센서 클럭(SCK)을 HIGH로 토글 시키는 함수

❑ power_up() : 증폭 센서 클럭(SCK)을 LOW로 토글 시키는 함수

해당 라이브러리를 이용하여 로드셀을 초기화하고 무게를 측정하는 소스를 다음과 같이 구현하였다. setup 함수에서 무게가 감지되지 않았을 때의 로드셀의 보정값(offset)을 구하는 데 이 값은 약간씩 변하므로 값의 변화에 따라 다시 보정값을 구하는 과정이 필요하다. 앞서 설명한 방식으로 구조물에 고정시킨 로드셀로 무게를 측정하여 시리얼 모니터를 통해 출력하는 프로그램이다.

```
//증폭기 제어용 라이브러리 사용을 위한 헤더파일
#include "HX711.h"
const int LOADCELL_DOUT_PIN = 5; // 증폭기 연결 핀번호 DT
const int LOADCELL_SCK_PIN = 6;  // SCK
HX711 scale; //증폭기 제어를 위한 객체 생성
//로드셀 데이터를 수집하고 offset값을 산정하는 함수
void init_scale()
{
  Serial.println("Initialize...");
  //센서 데이터를 50회 수집하여 평균 계산
  scale.read_average(50);
```

```
  // 로드셀에서 데이터 가져오기
  scale.get_units(50);
  scale.set_scale(228.f); //g 단위 변환
  scale.tare();        // 아무것도 올려놓지 않았을 때의 값(offset값) 산정
}
void setup()
{
  Serial.begin(9600);
  // 로드셀 데이터 측정을 위해 핀정보 전달 및 초기화
  scale.begin(LOADCELL_DOUT_PIN, LOADCELL_SCK_PIN);
  //offset값을 산정하는 함수를 호출
  init_scale();
}
void loop()
 {
  //데이터 측정이 가능한 상태이면
  if (scale.is_ready()) {
      //로드셀에 가해진 압력값을 10회 측정하여 평균값을 계산
      float cal=scale.get_unit(10);
     // 취합된 무게값 출력
     Serial.print("Scale : ");
     Serial.print(cal,0);
     Serial.println("g");
     // 무게 측정값이 -1보다 작은 경우 offset값 다시 산정
    if( cal < -1 ) {
        init_scale(); // 자체중량 재산정을 위한 함수 호출
    }
```

```
    // 센서의 클릭신호에 HIGH를 전송하여 sleep 모드로 전환
  scale.power_down();
  delay(2000);
  //센서의 클릭신호에 LOW를 전달하여 센서 활성화
  scale.power_up();
  }
}
```

7.5 네오픽셀 사용하기

네오픽셀은 Adafruit사에서 만든 컨트롤러가 포함된 LED이다. VCC, GND, DI
(디지털 input) 핀을 연결하여 여러 개의 LED를 제어할 수 있는 LED 소자로 각
LED별로 R(Red), G(Green), B(Blue)값을 주어 다양한 색상을 표현할 수 있다. 네
오픽셀의 형태는 매트릭스, 링형, 스틱형, 스트립형 등 다양한 형태가 있으며, 단 3
개의 핀으로 여러 개의 LED를 제어가 가능하므로 다양한 용도로 편리하게 사용할
수 있다. 만약 다른 네오픽셀을 추가로 연결하고 싶으면 DOUT핀에 연결할 네오픽
셀의 DI핀을 연결하여 준다.

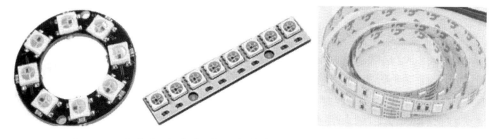

그림 7-16 다양한 형태의 네오픽셀(왼쪽부터 링형, 스틱형, 스트립형)

링형과 스틱형의 경우 뒷면에 DI, VCC, GND를 연결할 수 있는 회로판이 있으
며 헤더핀을 이용하여 납땜 후 사용한다.

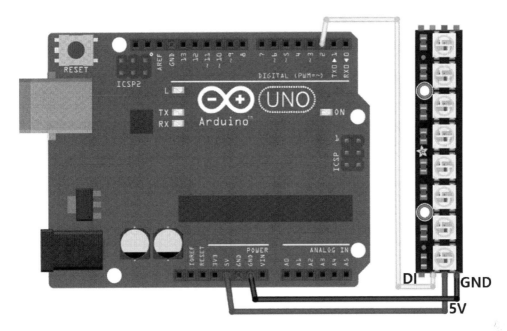

그림 7-17 스틱형 네오픽셀 회로 연결도

네오픽셀 라이브러리는 라이브러리 매니저 창에서 Neopixel로 검색하여 다운로드하면 되는데 MCU 모델별로 구분되어 있으므로 아두이노 우노, 나노를 사용한다면 AVR용 라이브러리를 다운로드해야 한다. 라이브러리를 추가한 후 아두이노의 라이브러리 폴더를 보면 Adafruit_NeoPixel라는 폴더가 생기고 해당 폴더에 Adafruit_NeoPixel.h, Adafruit_NeoPixel.cpp 파일이 생겼으면 정상 설치된 것이다. 네오픽셀 라이브러리의 주요 함수는 다음과 같다.

❑ Adafruit_NeoPixel(네오픽셀 개수, 핀번호, 네오픽셀 타입 플래그): 네오픽셀 객체 사용을 위한 생성자. 네오픽셀 개수, 핀번호, 네오픽셀 타입 플래그를 매개변수로 가짐. 네오픽셀 타입 플래그는 NEO_GRB+NEO_KHZ800를 지정.

❑ begin() : 네오픽셀 활성화

❑ setPixelColor(n,red,green,blue) : 네오픽셀의 n번째 LED에 지정된 RGB 코드를 주어 색깔 표현

❑ show() : 설정된 값으로 네오픽셀 출력

❑ setBrightness(밝기) : 0~255값으로 밝기 조절

❑ clear() : 네오픽셀을 모두 끈다.

앞에서 구성한 네오픽셀 회로를 이용하여 8채널 스틱형 네오픽셀의 각 채널에 여러 가지 색깔을 순차적으로 켜보는 프로그램을 구현해보자. for 반복문을 통하여 0번째 LED부터 7번째 LED까지 8개 LED에 각기 다른 색깔을 표현하도록 2차원 배열(color_code)을 만들었다. 색깔을 바꿔보고 싶으면 해당 배열의 RGB 값을 바꾸어 주면 된다.

RGB값을 이용한 색깔 표현 방식은 빛의 삼원색(빨강, 초록, 파랑)을 이용하여 색을 만들어내는 방식으로 각 색깔별로 0~255 사이의 값을 주어 여러 가지 색깔을 표현한다.

색깔		RGB값	색깔		RGB 값
	RED	(255,0,0)		Navy	(0,0,128)
	Brown	(165,42,42)		DarkViolet	(148,0,211)
	Orange	(255,165,0)		Violet	(238,130,238)
	Gold	(255,215,0)		Hotpink	(255,105,180)
	Olive	(128,128,0)		Pink	(255,192,203)
	SkyBlue	(135,206,235)		Lightcyan	(224,255,255)
	Aqua	(0,255,255)		White	(255,255,255)

그림 7-18 RGB 코드 예시표

```
// 네오픽셀 사용을 위한 헤더파일
#include 〈Adafruit_NeoPixel.h〉
#define PIN     7 // 네오픽셀의 DI핀을 연결한 디지털 핀번호
#define NUMPIXELS 8 // 네오픽셀 채널 개수(LED 개수)
// 네오픽셀을 사용하기 위한 생성자
Adafruit_NeoPixel pixels(NUMPIXELS,PIN,NEO_GRB+ NEO_KHZ800);

//LED 색깔을 주기 위한 RGB코드
int color_code[8][3] = { {255,255,0}, {255,0,0},{0,255,0},{0,0,255},
            {127,50,60},{127,0,127}, {50,127,0},{50,127,127}};
```

```
void setup() {
  pixels.begin(); // 네오픽셀 활성화
}
void loop() {
  int i;
  //8개의 LED에 순차적으로 색깔을 표시해주기 위한 반복문
  for(i=0;i<8;i++)
  {
    //LED를 off 시킨다.
    pixels.clear();
    //i번째 LED에 색깔을 지정
    pixels.setPixelColor(i,color_code[i][0], color_code[i][1],
                         color_code[i][2]);
    // i값에 따라 LED 밝기를 변화시켜 준다.
    pixels.setBrightness((i+1)*10);
    //LED에 색깔을 출력
    pixels.show();
    delay(1000);
  }
}
```

7.6 8×8 도트매트릭스 사용하기

8×8 도트매트릭스는 가로 8열, 세로 8열 총 64개의 LED가 연결되어 있어 문자
나 간단한 아이콘을 표현할 수 있는 매트릭스이다. 64개의 LED를 각각 제어하려
면 총 몇 개의 핀이 필요할까? 가로 8개, 세로 8개 총 16개의 핀이 연결되어야 각
각의 LED의 제어가 가능하다. 만약 별도의 컨트롤러 없이 연결한다면 시리얼통신
핀인 D0,D1핀을 제외하고 D2~D13, A0~A3핀을 연결해야 하므로 여기서는 좀 더

쉽게 도트매트릭스를 제어하기 위하여 MAX7219컨트롤러를 사용하였다. 해당 컨트롤러를 사용하면 5개의 핀으로 도트매트릭스를 제어할 수 있다.

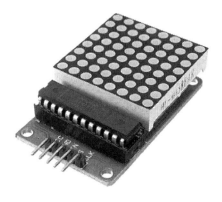

그림 7-19 MAX7219와 연결된 도트매트릭스

회로를 구성할 때 참고할 점은 컨트롤러의 제조사마다 핀 맵의 차이가 좀 있다는 점이다. VCC, GND, DIN, CS, CLK의 순서로 핀 맵이 구성되어 있는 모듈도 있고 VCC, GND, DIN, CLK, CS의 순으로 핀 맵이 구성되어 있는 모듈도 있다. 이점 참고하여 회로 구성 시 컨트롤러 모듈에 표기되어 있는 핀 맵대로 연결하면 된다. DIN, CS, CLK핀은 디지털 핀에 연결한 후 프로그램 내에서 연결된 디지털 핀 번호를 지정해 주어 사용하면 된다. 해당 모듈을 사용하기 위한 라이브러리 설치는 라이브러리 매니저 창에서 "LedControl"을 검색하여 나온 라이브러리 목록 중 MAX7219,MAX7221 칩을 사용하기 위한 라이브러리를 선택하여 설치하면 된다. 도트매트릭스 라이브러리의 주요 함수는 다음과 같다.

❑ LedControl(int dataPin, int clkPin, int csPin, int numDevices=1) : 도트매트릭스 제어용 class인 LedControl의 생성자이다. DIN, CLK, CS의 순서로 연결한 핀번호와 매트릭스 개수를 매개변수로 전달한다. 도트매트릭스를 여러 개 연결하여 사용하는 경우에는 맨 마지막 매개변수인 numDevices 값에 연결된 매트릭스 개수를 지정해 된다.

❑ shutdown(int addr, bool status) : power saving 모드로 매트릭스를 사용할지를 결정하는 함수이다. false를 주면 일반 모드로 사용하게 된다.

❑ setIntensity(int addr, int intensity) : LED의 밝기를 조절해 준다. addr은

매트릭스의 주소이다. MAX7219컨트롤러를 보면 핀이 양쪽에 5개씩 10개가 있는 걸 확인할 수 있다. 아두이노에서 연결할 때는 IN쪽의 5개 핀을 연결한다. OUT핀은 추가로 매트릭스를 연결할 때 사용하게 되는데. SPI 통신을 이용하여 여러 개의 매트릭스를 연결해서 제어할 수 있다. addr은 이때의 순서라고 이해하면 된다. 여기서는 1개만 사용하니까 addr은 "0"이다. intensity는 밝기를 나타내는 매개변수로 0~15등급으로 설정해 줄 수 있다.

❏ clearDisplay(int addr) : 매트릭스를 초기화해준다.

❏ setRow(int addr, int row, byte value) : 전달된 Row(가로방향)의 LED 상태를 value 값으로 바꾸어 준다. 가령 setRow(0,1,B11111111) 이렇게 하면 두 번째 행에 포함된 LED는 모두 켜지게 되어 가로로 선이 그어지게 된다.

❏ setColumn(int addr, int col, byte value) : 전달된 Column(세로방향)의 LED 상태를 value 값으로 바꾸어 준다. 가령 setColumn(0,1,B11111111) 이렇게 하면 두 번째 열에 포함된 LED는 모두 켜지게 되어 세로로 선이 그어진다.

※ setRow,setColumn 함수에서는 byte 자료형이 매개변수로 전달되는데 byte 자료형은 8비트의 부호 없는 정수형 자료형으로 0~255까지 저장할 수 있는 자료형이다. 만약 255를 이진수로 표현하면 11111111로 표현되는데 방금 전에 예시로 들었던 setColumn(0,1,B11111111) 대신 setColumn(0,1,255) 이렇게 프로그램 해도 동일한 결과를 얻을 수 있다. B11111111에서 B는 byte자료형임을 의미한다. 8비트로 구성된 자료형이므로 켜고 싶은 LED에 "1" 끄고 싶은 LED에 "0" 값을 주어 8개 LED를 제어할 수 있다. setRow함수에 B10101010라고 value 값을 넘기면 해당 행은 아래와 같이 불이 켜질 것이다.

그림 7-20 byte 변수에 의한 LED 제어

라이브러리를 설치 완료하였으면 도트매트릭스가 장착된 컨트롤러 모듈을 아두이노에 연결하는 회로를 다음과 같이 구성하고 프로그램 하면 된다. 여기서는 DIN은 11, CLK는 13, CS는 10번 핀에 연결하였다.

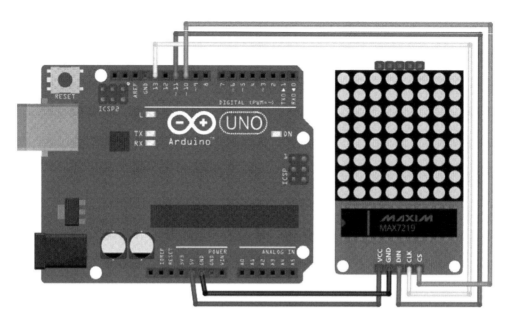

그림 7-21 도트매트릭스 연결 회로도

　도트매트릭스를 이용하여 다음의 그림과 같이 3가지 형태로 "GO" 문구를 순차적으로 출력해보는 프로그램을 구현한 내역이다. 8×8 도트매트릭스에 원하는 문자나 아이콘을 생성하기 에디터는 https://xantorohara.github.io/led-matrix-editor를 사용하면 쉽게 바이트 배열을 생성할 수 있다.

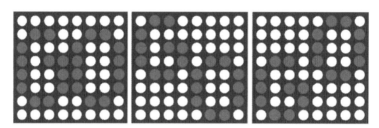

그림 7-22 "GO"문구를 서로 다른 형태로 반복적으로 표현하는 화면

프로그램 코드

```
// 도트매트릭스 사용을 위한 헤더파일
#include "LedControl.h"
//매트릭스 제어를 위한 객체생성
LedControl lc=LedControl(11,13,10,1);
```

```
//3가지 형태로 GO문구 출력을 위한 코드 생성
const byte go[][8] = {
  {
   B00000000,
   B00000000,
   B01100110,
   B10001001,
   B10111001,
   B10011001,
   B10011001,
   B01100110 },
  {
   B01100000,
   B10000000,
   B10110000,
   B10010110,
   B01101001,
   B00001001,
   B00001001,
   B00000110 },
  {
   B00000110,
   B00001001,
   B00001001,
   B01101001,
   B10000110,
```

```
    B10110000,
    B10010000,
    B01100000 }
};
void setup()
{

    lc.shutdown(0,false);
    lc.setIntensity(0,6); // 밝기 조절
    lc.clearDisplay(0);  // 초기화
}
void loop()
{

    for(int i=0;i<3;i++){ // 3가지 형태의 문구를 번갈아 가며 출력
        for(int j=0;j<8;j++){
            lc.setRow(0,j,go[i][j]); // 8개의 행을 출력
        }
        delay(500);
    }
}
```

7.7 지문인식센서 사용하기

이 책에서 사용할 지문인식센서는 FPM10A라는 광학식 지문인식센서로 가시광선에 반사된 지문의 굴곡을 인식하여 지문의 특징 데이터를 획득하는 방식의 센서이다. 최대 저장할 수 있는 지문 개수는 제조사마다 차이가 있으며 아두이노와 데이터통신은 앞서 설명한 시리얼통신 방식의 하나인 UART통신을 사용한다.

그림 7-23 FPM10A 지문인식센서

위의 사진에서 보듯이 지문인식센서는 총 6개의 핀을 꼽도록 되어 있는데 왼쪽의 2개 핀은 사용하지 않으며 3번째 핀부터 VCC, TX, RX, GND의 순으로 되어있다. 대부분의 경우 이 핀 배열에 따르지만 제조사마다 약간의 차이가 있으므로 센서에 적혀있는 라벨을 확인하고 연결하여야 한다. 지문인식센서의 데이터 저장 구조를 살펴보면 FPM10A는 지문이미지를 저장하는 공간(슬롯)이 2개 있어 지문인식센서에서 가지고 온 이미지를 비교, 등록하기 위한 공간으로 사용된다. 지문데이터의 저장은 flash 메모리에 저장된다.

지문인식센서 사용을 위한 설치는 라이브러리 매니저 창에서 "finger"를 검색하여 나온 검색결과 중 Adafruit Fingerprint Sensor Library를 사용하면 된다. 해당 라이브러리에서 사용할 주요 함수는 다음과 같다.

❏ Adafruit_Fingerprint(SoftwareSerial *ss, uint32_t password) : 지문인식센서 제어용 클래스 사용을 위한 생성자. password는 매개변수로 전달하지 않으면 기본값(0x0) 으로 저장한다.

❏ verifyPassword() : boolean형을 반환하는 함수로 패스워드가 일치하는지 체크하는 함수이지만 지문인식센서가 정상적으로 연결되었는지 활용하는 용도로 쓰인다. 지문인식센서에 패킷을 보내 정상적으로 연결이 되었으면 True, 그렇지 않으면 False를 리턴한다.

❏ getImage() : 지문인식센서에 지문이 인식되었는지 체크하여 인식되었으면 지문이미지를 가져오는 함수이다. 지문이미지를 정상적으로 가지고 왔으면 0을 되돌리고 그렇지 않으면 체크 결과에 따라 결과 값을 되돌려 주는 함수이다.

❏ image2Tz(uint8_t slot) : 지정된 슬롯에(슬롯은 2개(1or 2)만 가능) 센서에서 인식된 이미지의 굴곡 등으로 인한 빛의 반사도 차이를 정수형 데이터로 변환하여 저장한다.

❏ createModel() : 지문인식센서의 2개의 슬롯에 저장된 지문특성 데이터를 비교하여 2개의 지문특성 데이터가 일치하면 지문인식센서에 저장하기 위한 모델을 생성한다.

❏ storeModel(uint16_t location) : 지문인식센서에 생성된 모델을 지문인식센서의 메모리 영역에 location으로 전달된 번호의 방에 저장한다.

❏ fingerFastSearch() : 슬롯 1번에 저장된 지문인식 템플릿과 동일한 지문이 있는지 체크하여 있으면 0(FINGERPRINT_OK)을 반환한다.

지문인식센서를 사용하려면 먼저 지문을 등록하여야 한다. 지문등록을 위한 프로그램은 라이브러리가 설치된 디렉토리의 examples 디렉토리 밑에 있는 enroll 프로그램을 업로드하여 사용하면 된다. 해당 프로그램은 아두이노와 지문인식센서 연결을 위한 Tx, Rx연결을 2, 3번 핀을 사용하도록 프로그램 되어 있으므로 지문센서의 Tx, Rx핀을 아두이노 2, 3번 핀에 연결하여 프로그램을 업로드하면 지문을 등록할 수 있다. 만약 다른 핀을 사용하고자 한다면 핀번호만 프로그램에서 수정하여 주면 된다. 프로그램을 살펴보면 위에서 설명한 함수들을 이용하여 지문을 비교하고 등록하였음을 확인할 수 있다. 해당 프로그램을 업로드한 후 아두이노 IDE의 시리얼 모니터 창을 띄우면 지문인식센서 연결을 시도한다. 정상적으로 연결되면 지문을 등록하기 위한 지문인식, 검증 단계를 거쳐 지문을 등록한다.

지문을 등록하였다고 가정하고 등록된 지문인지 체크하여 등록된 지문이면 등록된 지문과의 유사도를 LCD에 출력하는 프로그램을 구현해보자. 지문인식센서와 1602 LCD를 이용하여 등록된 지문이면 LCD 첫째 줄에 Access Permit 그렇지 않으면 Access Deny를 표시하고 LCD 둘째 줄에는 신뢰도를 출력하도록 하는 프로그램이다.

연결회로도는 다음과 같다.

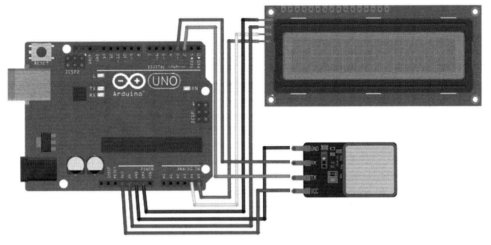

그림 7-24 지문인식센서, LCD 연결회로도

프로그램 코드

```
#include <SoftwareSerial.h>
#include <Adafruit_Fingerprint.h> //지문인식센서 사용을 위한 헤더파일
#include <LiquidCrystal_I2C.h>  //1602LCD 사용을 위한 헤더파일
LiquidCrystal_I2C lcd(0x27, 16, 2); //LCD 사용을 위한 객체 생성
//지문인식센서와 통신하기 위한 소프트웨어 시리얼 생성
SoftwareSerial mySerial(2, 3);
// 지문인식센서 사용을 위한 객체 생성
Adafruit_Fingerprint finger = Adafruit_Fingerprint(&mySerial);
void setup() {
    Serial.begin(9600);
    finger.begin(57600); //지문센서 활성화
    // 지문센서가 연결되는지 체크
    if (finger.verifyPassword()) { //지문인식센서가 연결되어 있으면
        Serial.println("Found fingerprint sensor!");
```

```
    } else {
        Serial.println("Did not find fingerprint sensor :(");
        while (1) { delay(1); }
    }
    lcd.begin(); //LCD 활성화
}
//LCD에 문자열을 출력하는 함수
void write_lcd(char* str)
{
    lcd.clear(); //LCD에 표시된 내용을 지운다.
    lcd.home(); // 맨 처음위치로 이동
    lcd.print(str); // 문자열 출력
}
void loop() {
    write_lcd("Ready...");
    // 지문인식센서에 인식된 지문이 등록된 지문인지를 체크하는
    // 함수인 getFingerprintIDez() 함수 호출
    uint8_t ret=getFingerprintIDez();
    // 인식된 지문이 등록되어 있는 지문이 아니면
    if(ret==FINGERPRINT_NOTFOUND) {
        //접근이 거부되었음을 표시
        write_lcd("Access Deny");
        lcd.setCursor(0,1);
        lcd.print("Trust : ");
        lcd.print(finger.confidence);
        delay(1000);
    }
```

```
        // 인식된 지문이 등록되어 있는 지문이면
    else if(ret==FINGERPRINT_OK){
        //접근이 허용되었음을 표시하고
        write_lcd("Access Permit");
        lcd.setCursor(0,1);
        lcd.print("Trust : ");
        // 유사도를 출력
        lcd.print(finger.confidence);
        delay(1000);
    }
}
// 인식된 지문이 기존에 지문인식센서에 저장되어 있는 지문인지 체크하는
// 함수
int getFingerprintIDez() {
    // 지문이미지를 가지고 온다.
    uint8_t p = finger.getImage();
    switch (p) {
        case FINGERPRINT_OK: // 지문이미지가 있으면
            Serial.println("Image taken");
            break;
        //지문이미지를 가지고 오지 못했으면
        case FINGERPRINT_NOFINGER:
            Serial.println("No finger detected");
            return p;
        case FINGERPRINT_PACKETRECIEVEERR:
            Serial.println("Communication error");
            return p;
```

```
        case FINGERPRINT_IMAGEFAIL:
                Serial.println("Imaging error");
                return p;
        default:
                Serial.println("Unknown error");
                return p;
}
// 지문이미지데이터의 특성을 파악하여 변환수행
p = finger.image2Tz();
// 변환이 정상완료되지 않았을 경우 오류 내역을 시리얼 모니터에
// 출력 후 오류코드 반환하고 함수 종료
switch (p) {
    case FINGERPRINT_OK:
            Serial.println("Image converted");
            break;
    case FINGERPRINT_IMAGEMESS:
            Serial.println("Image too messy");
            return p;
    case FINGERPRINT_PACKETRECIEVEERR:
            Serial.println("Communication error");
            return p;
    case FINGERPRINT_FEATUREFAIL:
            Serial.println("Could not find fingerprint features");
            return p;
    case FINGERPRINT_INVALIDIMAGE:
            Serial.println("Could not find fingerprint features");
            return p;
```

```
            default:
                Serial.println("Unknown error");
            return p;
    }
    // 변환된 지문데이터 특성과 동일한 특성을 가진 지문이 있는지 검색
    p = finger.fingerFastSearch();
    // 동일한 지문이 없으면 오류내역을 시리얼 모니터에 출력 후
    // 오류코드 값을 반환하고 함수 종료.
    // 동일한 지문이 있으면 FINGERPRINT_OK 반환하고 함수 종료
    if (p == FINGERPRINT_OK) {
        Serial.println("Found a print match!");
    } else if (p == FINGERPRINT_PACKETRECIEVEERR) {
        Serial.println("Communication error");
        return p;
    } else if (p == FINGERPRINT_NOTFOUND) {
        Serial.println("Did not find a match");
        return p;
    } else {
        Serial.println("Unknown error");
        return p;
    }
    return FINGERPRINT_OK;
}
```

All-In-One 자동차

 구성품 : 나노, 나노확장쉴드,
8*8도트매트릭스, 수동부저,
연속회전 서보모터, 초음파센서,
라인트레이서센서,
자동차프레임

CHAPTER 08

네트워크 통신

1. 아두이노로 블루투스 통신하기
2. NRF24L01모듈을 이용한
    통신
3. ESP-01을 이용한 WiFi 통신

CHAPTER8 네트워크 통신

네트워크란 정보 공유를 목적으로 여러 개의 장치(컴퓨터)들이 서로 연결되어 데이터를 주고받을 수 있는 연결망을 의미한다. 장치가 네트워크망에 접속하기 위해서는 송수신기가 필요하고, 다른 장치들과 정보 공유를 하기 위해서는 상호 간에 서로 이해할 수 있는 대화 방법이 필요한데 이것을 프로토콜이라고 한다. 이 프로토콜은 네트워크를 통해 데이터를 전송하는 규칙을 정의해 놓은 것이다. 여기서는 근거리통신 프로토콜인 블루투스를 통한 1:1 통신, 근거리 통신 모듈인 NRF24L01 모듈을 이용한 1:1 통신, 그리고 인터넷 무선통신인 wifi 통신을 아두이노에서 사용하는 방법에 대해 설명하려고 한다.

8.1 아두이노로 블루투스 통신하기

블루투스 통신이란 1994년 스웨덴의 통신장비 회사인 에릭슨사에서 개발한 근거리 무선통신 프로토콜로 수십 미터 이내에 위치한 정보기기 사이에서 전파를 이용해 정보를 교환하는데 사용된다. 현재 근거리 통신용으로 가장 널리 사용되고 있는 프로토콜로 기존의 정보기기 간 데이터 전송의 목적 외에도 비콘을 이용한 실내 측위, 무인 상점 등 여러 범위로 그 사용처가 확대되고 있다.

이 책에서는 블루투스 통신을 위한 통신 모듈로 HC-06을 사용하였다. HC-06 모듈은 RX, TX, GND, VCC로 핀구성이 되어있으며 앞서 4장에서 설명한 UART 통신을 이용하여 아두이노와 통신한다. 4장에서 설명했던 시리얼 모니터는 0번, 1번핀을 이용하여 하드웨어 시리얼을 사용한 통신을 사용하지만 HC-06을 이용해 아두이노로 데이터 전송은 소프트웨어 시리얼을 사용한다. SoftwareSerial 라이브러리 사용을 위해 헤더파일(SoftwareSerial.h)을 선언하고 SoftwareSerial 객체 생성 후 해당 객체를 이용하여 통신 수행한다. SoftwareSerial 라이브러리의 주요 함수는 4장에서 설명했던 시리얼 모니터 사용을 위한 Serial객체의 주요 함수와 거의 동일하다.

❑ SoftwareSerial(int Rx, int Tx) : 소프트웨어 시리얼 통신 수행을 위한

Class인 SoftwareSerial의 생성자이다. 첫 번째 인수가 Rx핀, 두 번째 인수가 Tx핀이다. 앞에서도 설명했듯이 전송 측 Rx, Tx와 수신 측 Rx, Tx는 교차되어서 연결되어야한다. 가령 생성자를 mySerial(2, 3) 이렇게 선언하였다면 아두이노에 연결되는 통신모듈의 Tx핀을 아두이노의 D2번핀에 연결하고 통신모듈의 Rx핀을 아두이노의 D3번핀에 연결해야 한다.

❑ begin(speed) : 소프트웨어 시리얼의 통신속도를 지정하여 주는 함수.

❑ available() : 시리얼 포트에 수신되어 있는 데이터의 바이트 수 반환

❑ read() : 시리얼 포트로 전송된 데이터를 읽어들임. 시리얼 포트에 전송된 데이터가 있으면 첫 번째문자를 반환하고, 데이터가 없으면 -1 반환

❑ write() : 시리얼 포트로 이진데이터(byte or bytes)를 전송.

블루투스 모듈과 아두이노 간의 회로 구성은 아래 그림과 같다.

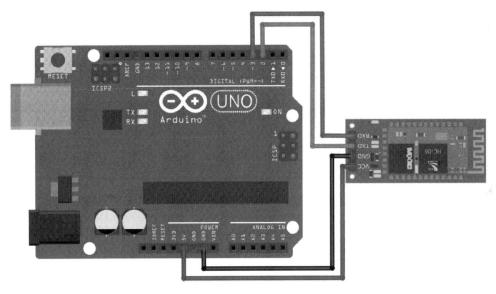

그림 8-1 블루투스 연결회로도

블루투스 모듈과 통신을 하기 위해서는 블루투스 모듈의 이름을 알고 있어야 한다. 블루투스 이름은 AT설정을 통해 변경할 수 있으며, 기본 설정은 "HC-06"이라는 이름으로 설정되어 있다. 블루투스 모듈 설정 변경은 AT(Attention)명령을 이용하여 수행한다. AT명령은 1981년 네트워크 통신 모듈인 모뎀을 제어하기 위해 만들어진 명령어로, 현재에도 이더넷, 와이파이, 블루투스 모듈 등에서 많이 사용되

고 있다. AT명령 수행을 위해서는 시리얼 모니터를 이용하여 입력된 명령을 블루투스 모듈로 전달하는 코드를 아두이노에 업로드 후 명령을 수행하면 된다.

```
#include 〈SoftwareSerial.h〉
// (Rx, Tx) 이므로 블루투스 모듈의 TX를 2번 , RX를 3번핀에 연결
SoftwareSerial mySerial(2,3);
void setup() {
  Serial.begin(9600); //시리얼 모니터 속도 지정
  mySerial.begin(9600); //블루투스 모듈 속도 지정
}
void loop() {
  if (mySerial.available()) { //블루투스 모듈로부터 데이터가 전송되면
      Serial.write(mySerial.read()); //시리얼모니터창에 전송된 내역 출력
  }
  if (Serial.available()) {   //시리얼모니터를 통해 데이터가 입력되면
      mySerial.write(Serial.read());//블루투수 모듈로 입력된 데이터 전송
  }
}
```

위의 코드를 아두이노에 업로드 후 AT 명령을 이용하여 블루투스 설정을 바꾸어준다.

블루투스 명령	용도	수행결과
AT	AT 명령이 동작되는지 확인	동작되면 OK라고 뜸
AT+NAMExxx	블루투스 이름 지정	NAME 다음에 있는 문자열을 블루투스 이름으로 지정. 성공하면 OKsetname 이라고 뜸
AT+ROLE=M	블루투스 모듈을 Master로 지정	Master로 설정
AT+ROLE=S	블루투스 모듈을 Slave로 지정	Slave로 설정
AT+PINxxxx	PIN번호 지정	핀번호 지정. 숫자 네자리. 블루투스간 페어링을 할때는 핀번호를 같게 해주어야 페어링됨

그림 8-2 블루투스 AT명령

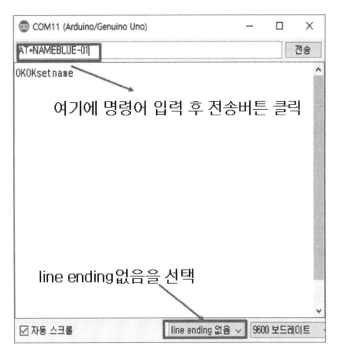

그림 8-3 블루투스 AT명령 전송 예시

이제 블루투스 통신을 위한 준비는 마쳤다. 이번에는 스마트폰을 이용해서 아두이노에 연결된 LED를 켜고 끄는 프로그램을 만들어보자. 스마트폰에서 아두이노에 블루투스를 통해 명령을 전송하려면 스마트폰에 블루투스 터미널 앱을 설치하여야 한다. 블루투스를 이용해서 문자를 주고받을 수 있는 앱이라면 아무거나 상관없다.

블루투스 통신을 이용하여 LED 제어하는 프로그램을 구현해보자.

❏ 블루투스를 통해 'a'가 들어오면 LED를 켜고 'b'가 들어오면 LED를 끄는 프로그램 작성.

❏ 스마트폰에 설치한 블루투스 터미널 앱을 이용하여 아두이노에 연결된 블루투스로 문자('a' 혹은 'b')를 보내고 아두이노는 해당하는 문자를 받으면 LED를 켜고 끄도록 프로그래밍.

❏ 준비물 : 아두이노 나노, 나노 확장 보드, LED, 블루투스 모듈, 330Ω 저항, 점퍼 케이블, 브레드 보드.

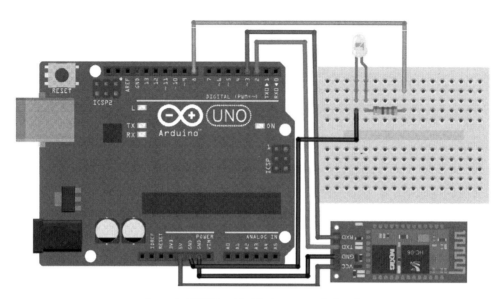

그림 8-4 블루투스를 통한 LED 제어 회로도

회로 준비가 완료되었으면 블루투스에서 전송된 데이터를 조건문에서 비교하여 어떤 문자가 전송되었는지 확인하여 전송된 문자에 따라 LED를 제어하는 코드를 업로드하면 된다. 코드는 아래와 같다.

```
#include 〈SoftwareSerial.h〉
SoftwareSerial mySerial(2, 3);//소프트웨어시리얼 생성
void setup(){
    pinMode(8, OUTPUT); //LED 연결 핀
    mySerial.begin(9600);
}
void loop(){
    char command;
    //블루투스를 통해 데이터가 들어왔으면 LED제어 시작
    if(mySerial.available() >0 ) {
        //전송된 데이터를 command에 저장
        command = mySerial.read();
```

```
        //전송된 데이터가 a이면
    if ( command == 'a' ) {
        digitalWrite(8, HIGH); // LED를 켠다.
    // 전송된 데이터가 b이면
    } else if (command == 'b') {
        digitalWrite(8, LOW);  //LED를 끈다.

    }

  }

}
```

위 프로그램을 업로드 후 스마트폰의 블루투스 터미널 앱을 통하여 a나 b 문자를
전송하면 LED가 켜지고 꺼지는 것을 확인할 수 있다.

8.2 NRF24L01 모듈을 이용한 통신

NRF24L01 모듈 사용에 앞서 RF(Radio Frequency)라는 용어에 대해 알아보
자. RF란 전자기파 주파수대역을 이용하여 무선으로 무엇을 전달하거나 감지하는
장비 및 기술 일체를 통칭한다. 좀 더 쉽게 얘기하면 전자기파 신호를 무선으로 전
송하고 공기 중에 흘러 다니는 전자기파 신호를 찾아내서 그 신호를 복구하기 위한
기술과 장비 일체가 모두 RF의 범주에 포함되며, 주파수를 이용한 무선 통신방식
(Wifi, 블루투스, RFID등)이 모두 RF기술을 이용한 무선통신이다. 여기서 소개하는
NRF24L01 통신 모듈도 RF기술을 이용하여 통신을 수행할 수 있는 통신 모듈이
다.

- 통신주파수 : 2.4GHz
- 사용전압 : 1.9~3.6V
- 통신가능 범위 : 100m 이내
- 한번에 전송할 수 있는 데이터 바이트수 32byte

그림 8-5 NRF24L01 모듈 및 특징

해당 모듈은 5바이트 주소를 지정하고 그 주소를 이용하여 통신을 수행하며 SPI 통신을 사용하여 아두이노와 데이터를 주고받으므로 SPI 연결핀에 연결하여 사용하여야 한다. SPI 통신에 대해 간략히 살펴보자. SPI(Serial Peripheral Interface) 통신은 직렬 통신방식으로 하나의 데이터 선을 이용하지 않고 송신 선과 수신 선이 별도로 구분되어 있어 다른 시리얼 통신에 비해 통신 속도가 빠르다. 지난 장에 설명하였던 I2C 통신은 통신선이 하나이므로 한쪽에서 전송이 이루어지면 나머지 한쪽은 기다리는 반이중 방식(half duplex)이지만, SPI 통신은 전이중 방식(full duplex)이다. Master 하나에 여러 개의 Slave를 연결할 수 있으며 SPI 통신을 위해서는 최소 4개 이상의 통신선이 필요하다. 아래의 데이터 연결도를 보듯이 Slave를 연결할 때마다 Slave select를 위한 연결선이 추가로 필요하다.

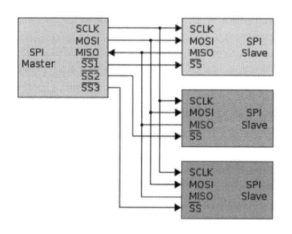

그림 8-6 SPI통신 연결도(이미지출처 : 위키백과)

4개의 통신선의 역할은 다음과 같다.

❑ MOSI(Master Out, Slave In) : 마스터에서 슬레이브로 데이터 전송

❑ MISO(Master In, Slave Out) : 슬레이브에서 마스터로 데이터 전송

❑ SCK(Serial ClocK) : 마스터에서 슬레이브로 클락 전송

❑ SS(Slave Select) : 데이터를 송수신할 슬레이브 선택→마스터가 지정

2.1 아두이노 회로 구성하기 편에서 언급하였듯이 아두이노의 경우 SPI 통신을 위해 10~13번 핀을 예약해놨는데 10번핀은 SS핀, 11번 MOSI, 12번 MISO, 13번핀이 SCK핀으로 지정되어 있다. NRF24L01 사용을 위한 핀 맵은 다음과 같다.

| 1: GND |
| 2: VCC |
| 3: CE |
| 4: CSN |
| 5: SCK |
| 6: MOSI |
| 7: MISO |

그림 8-7 NRF24L01 핀맵

SCK핀은 D13, MOSI는 D11, MISO는 D12번에 연결하고 CE, CSN핀은 디지털 핀에 연결 후 프로그램에서 NRF24L01 사용을 위한 객체 생성 시 해당 핀을 지정해 주면 된다.

NRF24L01 사용법을 익히기 위하여 1:1 통신(두개의 장치사이에서만 서로 송/수신하는 통신)으로 LED를 제어하는 프로그램을 구현해 보자. 프로그램 구현 내역은 송신 측에서 'B'를 보내면 Blue LED, 'R'을 보내면 Red LED, 'Y'를 보내면 Yellow LED를 켜고 'F'를 보내면 LED를 끄는 프로그램이다. 데이터 송/수신을 수행하여야 하므로 NRF24L01 모듈 2개를 가지고 송신 측 회로와 수신 측 회로를 별도로 구성해야 한다.

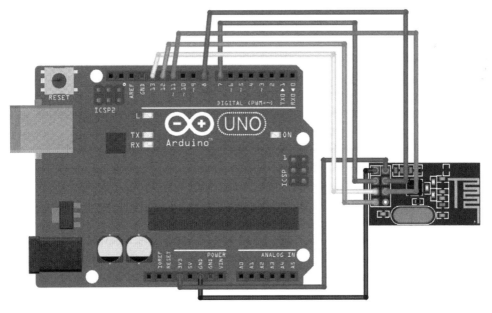

그림 8-8 NRF24L01 송신측 회로 구성

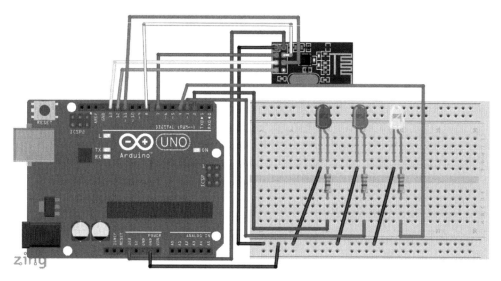
그림 8-9 NRF24L01 수신측 회로 구성

회로 구성에서 알 수 있듯이 송신 측은 데이터만 보내므로 NRF24L01 모듈만 있으면 되고 수신 측에는 2, 3, 4번핀에 각각 파랑, 빨강, 노랑 LED를 연결한다.

회로 구성이 완료되었으면 NRF24L01 모듈 제어를 위한 라이브러리를 설치하여야 한다. 이 책에서는 https://github.com/tmrh20/RF24/ 라이브러리를 사용하였다. 해당 라이브러리에서 사용되는 주요 함수는 다음과 같다.

❏ RF24(CE, CSN) : RF 통신 수행을 위한 Class인 RF24의 생성자이다. 첫 번째 인수가 CE핀, 두 번째 인수가 CSN핀 번호

❏ begin() : 통신 시작 함수

❏ setPALevel(level):파워레벨을 지정. 4단계(RF24_PA_MIN, RF24_PA_LOW, RF24_PA_HIGH, RF24_PA_MAX)가능, 클수록 전력 소모량 많고 데이터를 먼 거리까지 전송할 수 있다.

❏ openReadingPipe(number,addresses) :데이터를 수신할 파이프(연결통로)를 활성화. open할 파이프 번호(number)는 0~5까지 설정 가능

❏ radio.openWritingPipe(addresses) :데이터를 송신할 파이프(연결통로)를 활성화

❏ radio.startListening() : 데이터를 수신 대기 상태 돌입

❑ radio.stopListening() : 데이터를 수신 대기 상태 해제, 데이터 송신 시에는 해당 함수를 호출 후 송신

❑ read(*buffer,buf_len) : *buffer→읽어들일 데이터를 저장할 변수의 주소값. buf_len→읽어들일 데이터의 bytes 수

❑ write(*buffer, buf_len) : *buffer→전송할 데이터를 저장한 변수의 주소값. buf_len→전송할 데이터의 bytes 수

위에서 설명한 함수들을 사용하여 송/수신 프로그램을 구현해보자

❑ 데이터 송신 프로그램

```
//SPI 통신을 위한 헤더파일 지정
#include <SPI.h>
//NRF24L01 모듈을 사용하기 위한 헤더파일 지정
#include "nRF24L01.h"
#include "RF24.h"
#define CE_PIN 7        //CE핀 지정
#define CSN_PIN 8      //CSN핀 지정
//CE핀 CSN핀정보를 전달하여 NRF24L01제어를 위한 객체생성
RF24 radio(CE_PIN, CSN_PIN);
// 데이터를 받을 모듈의 통신 주소 설정.
byte address[6] = {"00001"};
// 전송할 문자 코드를 배열에 저장하여 순차적으로 전송하도록 한다.
char send_text[4]={'B','R','Y','F'};
void setup()
{
  radio.begin(); // 통신모듈 활성화
  radio.setPALevel(RF24_PA_MIN); // 모듈에서 사용할 파워레벨 지정
  radio.openReadingPipe(0,address); // 통신연결통로 오픈
```

```
    //데이터 전송만 수행하므로 수신모드 해제
  radio.stopListening();
}
void loop()
{
  for(int i=0;i<4;i++)//'B','R','Y','F' 문자를 순차적 전송을 위한 반복문
  {
      radio.stopListening(); // 송신을 위한 모드로 전환
      radio.openWritingPipe(address); //송신모드 활성화
      //전송문자 배열의 i번째 방에 저장되어 있는 문자송신.
      radio.write(&send_text[i], sizeof(send_text[i]) );
      delay(1000);
  }
  delay(2000);
}
```

❏ 데이터 수신 프로그램

```
#include <SPI.h>
#include "nRF24L01.h"
#include "RF24.h"
#define CE_PIN 7
#define CSN_PIN 8
#define BLUE 2      //파란색 LED 연결 핀
#define RED 3       //빨간색 LED 연결 핀
#define YELLOW 4   //노란색 LED 연결 핀
RF24 radio(CE_PIN, CSN_PIN); //NRF24L01 모듈 사용을 위한 객체생성
```

```
// 데이터를 수신할 주소를 설정. 데이터 송신측에서도 이 주소를 이용하여
// 데이터 전송
byte address[6] = {"00001"};
void setup()
{
    // 3개의 LED를 OUTPUT 모드로 설정
    pinMode(BLUE,OUTPUT);
    pinMode(RED,OUTPUT);
    pinMode(YELLOW,OUTPUT);
    radio.begin(); //통신모듈 활성화
    // 파워 레벨 설정. 송신측 파워레벨과 동일하게 설정하여야 함
    radio.setPALevel(RF24_PA_MIN);
    radio.openReadingPipe(0,address); // 수신용으로 파이프 오픈
    radio.startListening(); //수신준비 시작
}
void loop()
{
    // RF모듈을 통해 들어온 데이터가 있는지 체크하여 있으면
    //  if구문 내에 하위블록수행
    if (radio.available()) {
        char text;
        radio.read(&text, sizeof(text)); // 문자를 읽어들임
        switch(text) {
            case 'B' : //들어온 문자가 'B'이면 파란색 LED 켜기
                digitalWrite(BLUE,HIGH);
                break;
```

```
        case 'R' :   //들어온 문자가 'R'이면 빨간색 LED 켜기
            digitalWrite(RED,HIGH);
            break;
        case 'Y' :   //들어온 문자가 'Y'이면 노란색 LED 켜기
            digitalWrite(YELLOW,HIGH);
            break;
        case 'F' : //들어온 문자가 'F'이면 전체 LED 끄기
            digitalWrite(BLUE,LOW);
            digitalWrite(RED,LOW);
            digitalWrite(YELLOW,LOW);
            break;
        default :
            break;
    }
  }
}
```

프로그램 구현 내역 사용된 C언어 문법 중 앞서 설명하지 않았던 switch제어문에 대해 알아보자

C언어 swtich 제어문

❑ switch문은 case 구문과 함께 쓰이며 case뒤의 상수값과 일치하는 경우 해당 case문으로 분기하는 구문이다.

❑ if문은 조건식의 결과가 참 또는 거짓이지만 switch문의 조건식은 조건식이 결과가 정수 값이 올 수 있어 하나의 조건식으로 많은 경우의 수를 처리할 수 있다.

❑ 주로 몇 가지 선택지가 주어지고 그에 대한 선택이 필요한 경우 많이 사용. 앞서 NRF24L01모듈 통신 프로그램과 같이 특정된 문자마다 수행 내역이 다를 경우 흔히 사용된다.

❑ switch문 형식

조건식에 연산된 상수값에 해당하는 **case** 문에 명시된 명령어를 수행. **case**문에는
정수값(문자)이 상수형태로 표현되어야 함

```
switch (조건수식)     → 조건수식(조건값)에 따른 연산결과값이 case문 별로 명시된
{                      상수값과 같은지 비교하여 같은 상수값을 가지는 case 문의
    case 상수값1:       하위 수행문을 수행
        수행문1;
        break;       →case문에 해당하는 수행을 완료하고 switch문을 종료하라는 명령어
    case 상수값2:
        수행문2;
        break;

    ....
    default :        →연산 결과값이 앞에 기술된 case문에 해당하는 값이 없을 때 default
        break;           문이 수행됨
}
```

8.3 ESP-01을 이용한 wifi 통신

근거리 무선통신에 대해 알아봤으므로 wifi모듈을 이용하여 TCP/IP 기반의 원거
리 네트워크 통신에 대해 알아보자. TCP/IP 프로토콜은 현재 우리가 사용하고 있
는 다양한 인터넷 통신 기술의 기반이 되는 통신프로토콜이다. 우리가 흔히 쓰는
HTTP, EMAIL, SSH, WEBSOCKET 등과 같은 프로토콜들이 모두 TCP/IP 기반
위에서 수행된다. 이 책에서 사용할 wifi 모듈은 ESP-01이다. ESP-01 모듈은
Espressif System이라는 중국회사에서 개발한 ESP8266이라는 마이크로프로세서를
기반으로한 wifi 통신모듈로 GPIO핀이 있어 센서를 연결하여 단독으로 네트워크
통신을 이용해 센서를 제어할 수도 있는 모듈이다. 이 책에서는 아두이노와 연결하
여 사용하였다. 해당 모듈을 아두이노와 연결하여 사용하려면 AT 명령 업데이트
및 통신 속도 조절을 위한 펌웨어를 업그레이드하여야 하는데 펌웨어 업그레이드
과정에서 오류가 많이 발생하는 편이다. 여기서는 ESP-01 어댑터를 사용하여 펌웨
어 업그레이드 없이 속도를 바꿔준 후 사용하는 방법을 선택하여 기술하였다.

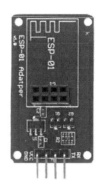

그림 8-10 ESP-01 모듈(왼쪽)과 ESP-01용 어댑터

먼저 수행하여야 할 일은 ESP-01 모듈의 기본 통신 속도인 115200bps를 9600bps로 낮춰주는 작업을 수행하여야 한다. 아두이노 홈페이지(arduino.cc)에서 확인해보면 ESP-01 모듈을 이용하여 통신을 수행할 때 사용되는 통신용 라이브러리인 softwareSerial 라이브러리가 115200bps까지 지원한다고 되어있지만, 필자의 경험으로는 115200의 속도로 아두이노와 통신을 해서 AT 명령으로 wifi 목록을 가져오거나 혹은 wifi에 접속을 할 때 데이터 전송이 잘 안되는 현상이 있어 보다 안정적인 통신을 위하여 저속 통신(9600pbs)을 하는 것을 권한다. 9600bps의 속도로 아두이노와 ESP01간의 통신이 이루어지도록 하려면 기존에 설정되어 있는 ESP01 모듈의 통신속도를 낮춰주는 과정이 필요하다. 통신속도를 낮춰주는 방법은 HC-06모듈을 이용한 블루투스 통신을 수행할 때 설명한 적이 있는 AT명령을 통해 속도를 변경하여 주면 된다. 시리얼 모니터를 통해 ESP01모듈에 AT명령을 전달하기 위한 코드를 아두이노에 업로드한다.

```
#include ⟨SoftwareSerial.h⟩
// (Rx, Tx) 이므로 ESP01 어댑터의 TX를 2번 , RX를 3번핀에 연결
SoftwareSerial mySerial(2,3);
void setup() {
  Serial.begin(9600); //시리얼 모니터 속도 지정
  mySerial.begin(115200); //ESP01의 초기속도
}
```

```
void loop() {
    //블루투스 모듈로부터 데이터가 전송되면
    if (mySerial.available()) {
        //시리얼모니터창에 전송된 내역을 보여줌
        Serial.write(mySerial.read());
    }
    //시리얼모니터를 통해 데이터가 입력되면
    if (Serial.available()) {
        //블루투수 모듈로 입력된 데이터를 전송
        mySerial.write(Serial.read());
    }
}
```

해당 모듈을 업로드 후 시리얼 모니터를 띄워 다음과 같은 순서로 AT명령을 주어 속도를 낮춰준다.

① AT명령이 잘 전송되는지 확인하기 위하여 버전 정보를 확인하는 명령을 시리얼 모니터 창에서 입력 후 명령을 전송한다.

❑ AT+GMR

② 다음에는 와이파이 모드를 지정한다.

❑ AT+CWMODE=1

1: Station 모드 : 단순히 네트워크에 접속하기 위한 모드.

2: AP모드 : 다른 단말들의 무선 AP 역할을 수행 할 수 있는 모드.

3: 둘 다.

③ 통신속도를 9600으로 지정한다.

❑ AT+UART_DEF=9600,8,1,0,0

시리얼 모니터에서 해당 명령들을 수행한 결과는 다음 화면과 같이 출력된다.

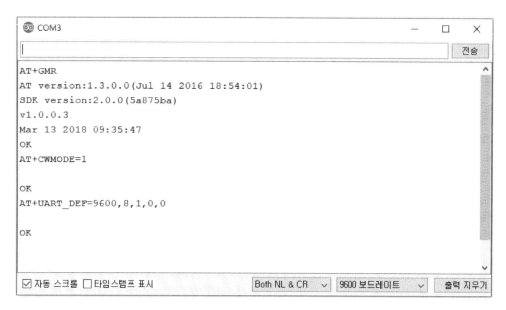

그림 8-11 ESP-01 속도 변경을 위한 AT명령 수행결과

속도 변경을 위한 설정을 마쳤으면 이전 코드에서 115200으로 속도를 지정한 코드를 9600으로 변경(mySerial.begin(115200);→mySerial.begin(9600);) 후에 업로드하고, 시리얼 모니터 창에서 AT+CWLAP 명령어를 치면 다음과 같이 와이파이 목록이 보일 것이다. 그럼 이제 와이파이에 접속할 준비는 완료되었다.

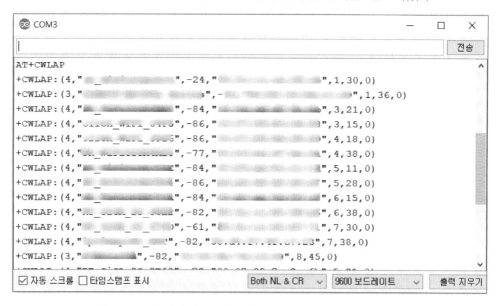

그림 8-12 와이파이목록확인(AT+CWLAP) 명령 수행결과

앞서 설명하였듯이 무선 wifi통신은 TCP/IP 기반의 통신프로토콜이므로 통신을 위해서 IP가 필요하다. IP는 인터넷상에서 통신을 위해 사용되는 주소 값이다. 블루투스, NRF24L01 모듈은 자신의 장치 이름이나 채널 이름을 가지고 통신을 하지만 TCP/IP통신은 IP를 가지고 통신할 대상을 식별하게 된다.

이 번장에서는 아두이노 우노 2대를 이용하여 wifi모듈을 이용한 채팅프로그램을 구현해보려고 한다. 시리얼 모니터를 통해 입력받은 데이터를 ESP01모듈을 통해 상대방에게 전송하는 채팅 프로그램이다. 2대의 아두이노와 ESP01 모듈, ESP01 어댑터가 필요하다. 어댑터를 아두이노에 연결하는 회로는 다음과 같다. 회로 연결시 TX, RX만 주의하여 연결하면 된다.

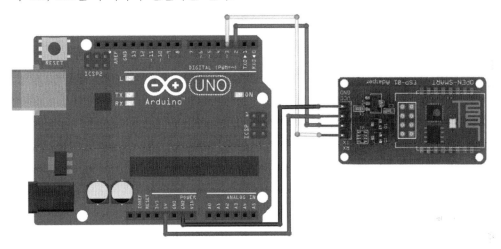

그림 8-13 ESP01 어댑터 아두이노 연결 회로도

어댑터를 사용하였기 때문에 회로 구성은 간단한 편이며, 이제 wifi 통신을 위한 라이브러리를 설치하여야 한다. 여기서는 WiFiEsp 라이브러리를 사용하였으며 라이브러리 매니저 창에서 WifiEsp를 검색하면 동일한 이름의 라이브러리가 검색될 것이다.

해당 라이브러리는 3개의 클래스(WiFiEspClass,WiFiEspServer,WiFiEspClass)가 존재하는데 각 클래스의 용도는 다음과 같다.

❏ WiFiEspClass : 주변의 와이파이들을 검색하고 초기화할 때 사용되는 클래스

❏ WiFiEspServer : 클라이언트의 통신 요청을 대기(listen) 하다가 요청이 들어오면 통신을 수행할 때 사용되는 클래스

❏ WiFiEspClient : 통신할 서버와 연결하여 통신 데이터 송/수신 할 때 사용되는 클래스

통신의 단계는 다음과 같은 순서로 수행된다.

① wifi 연결 및 초기화

② 클라이언트 접속을 위한 서버 시작

③ 클라이언트에서 기동된 서버에 연결

④ 연결된 서버와 송/수신 수행

다음은 위의 단계를 바탕으로 작성된 채팅 프로그램이다. 서버 역할을 하는 아두이노를 먼저 기동하고 클라이언트 역할을 하는 아두이노를 기동시킨 후 시리얼 모니터를 통해 채팅을 수행하면 된다. 클라이언트에서 서보에 접속하기 위해서는 서버의 IP를 알아야 하므로 서버 프로그램에서 IP 정보를 출력한 후 그 IP를 클라이언트에 넣어줘야 한다. 여기서는 IP는 XXX로 기입하였으므로 각자 IP 정보를 확인한 후 IP를 넣어주면 된다.

```
#include "SoftwareSerial.h"
//ESP01 모듈을 이용한 wifi접속용 라이브러리 헤더파일 추가
#include "WiFiEsp.h"
SoftwareSerial wifiSerial(2, 3); //wifi 통신을 위한 softwareSerial 생성
char ssid[] = "XXXXX"; // wifi ID를 넣어준다.
char pass[] = "XXXX"; // wifi 패스워드를 넣어준다.
int status = WL_IDLE_STATUS; // the Wifi radio's status
WiFiEspServer server(1234); //통신할 포트 지정
char strBuf[255];
void setup() {
    Serial.begin(9600);
    // initialize serial for ESP module
    wifiSerial.begin(9600);
```

```
    // ESP모듈을 초기화 한다. 매개변수로 아두이노와 통신을 수행할
    // softwareserial 객체를 넘겨준다.
    WiFi.init(&wifiSerial);
    // WiFi network 연결을 시도한다.
    while ( status != WL_CONNECTED) {
        Serial.print("Attempting to connect to WPA SSID: ");
        Serial.println(ssid);
        status = WiFi.begin(ssid, pass);
    }
    Serial.println("You're connected to the network");
    // 서버의 IP를 가지고와서 ip변수에 저장
    IPAddress ip = WiFi.localIP();
    server.begin(); // TCP/IP 연결서버 활성화
    Serial.print("IP Address: ");
    Serial.println(ip); //IP출력
}
void loop()
{
    //서버와 연결된 클라이언트를 가지고 온다.
    WiFiEspClient client = server.available();
    // 연결된 클라이언트가 있으면
    if (client) {
        // 클라이언트가 연결되어있으면 계속 반복
        while(client.connected())
        {
            // 클라이언트로부터 전송된 데이터가 있으면
            if(client.available()) {
```

```
                    // 버퍼 초기화
                    memset(strBuf,0x00,sizeof(strBuf));
                    // 255byte 길이로 데이터를 읽어들임
                    int recv=client.read(strBuf,255);
                    //시리얼모니터에 읽어온 출력
                    Serial.write(strBuf);
            }
            //시리얼모니터에 입력된 데이터가 있으면
             if(Serial.available())
             {
                    //클라이언트로 전송
                    String recvStr="Server : "+Serial.readString();
                    client.write((char*)recvStr.c_str(),recvStr.length());
             }
        }
    }
}
```

다음은 클라이언트 프로그램이다. 서버의 IP는 확인하여 입력하여야 한다.

```
#include "SoftwareSerial.h"
//ESP01 모듈을 이용한 wifi접속용 라이브러리 헤더파일 추가
#include "WiFiEsp.h"
SoftwareSerial wifiSerial(7, 8); //wifi 통신을 위한 softwareSerial 생성
char ssid[] = "XXXXX"; // wifi ID를 넣어준다.
char pass[] = "XXXX"; // wifi 패스워드를 넣어준다.
int status = WL_IDLE_STATUS; // the Wifi radio's status
```

```
//서버 IP는 확인 후 입력한다.
IPAddress serverIP(XXX,XXX,XXX,XXX);
WiFiEspClient client;
char strBuf[255];
void setup()
{
  Serial.begin(9600);
  // initialize serial for ESP module
  wifiSerial.begin(9600);
  // ESP모듈을 초기화 한다. 아두이노와 통신을 수행할
  // softwareserial 객체를  넘겨준다.
  WiFi.init(&wifiSerial);
   // WiFi network 연결을 시도한다.
  while ( status != WL_CONNECTED) {
    Serial.print("Attempting to connect to WPA SSID: ");
    Serial.println(ssid);
   status = WiFi.begin(ssid, pass);
  }
  Serial.println("You're connected to the network");
  //IP 정보 가져와서 ip 변수에 저장
  IPAddress ip = WiFi.localIP();
  Serial.print("IP Address: ");
  Serial.println(ip);
  //서버와 연결한다.
  client.connect(serverIP,1234);
}
```

```
void loop()
{
    // 서버로부터 전송받은 데이터가 있으면
    if(client.available())
    {
            // 버퍼 초기화
            memset(strBuf,0x00,sizeof(strBuf));
            // 255byte 길이로 데이터를 읽어들임
            int recv=client.read(strBuf,255);
            //시리얼모니터에 읽어온 출력
            Serial.write(strBuf);
    }
    //시리얼 모니터에 입력된 데이터가 있으면
    if(Serial.available())
    {
            //시리얼 모니터에서 입력된 데이터 읽어들임
            String recvStr="Client : " + Serial.readString();
            // 서버로 데이터 전송
            client.write((char*)recvStr.c_str(),recvStr.length());
    }
}
```

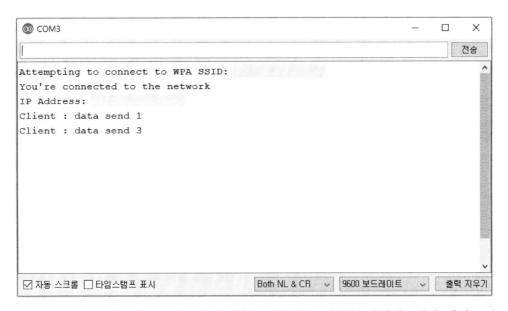

그림 8-14 클라이언트로부터 데이터를 전송받은 서버측 시리얼모니터 화면

Power-UP 오토봇

구성품 : 나노, 나노확장쉴드,
8*8도트매트릭스, 수동부저,
서보모터, 초음파센서,
3D 출력물, 오토봇프레임
블루투스모듈

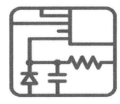

CHAPTER 09

아두이노 수행흐름 제어

1. 아두이노 리셋하기
2. 인터럽트 사용하기

CHAPTER9 아두이노 수행흐름 제어

9.1 아두이노 리셋하기

 아두이노를 사용하다 보면 주변 센서와 통신이 잘 안되거나 아두이노의 행업 현상
이 발생하는 경우가 종종 발생한다. 이럴 때 리셋을 해주면 다시 정상적으로 수행
되는 경우가 있다. 이러한 리셋을 아두이노의 리셋 버튼을 이용하지 않고 프로그램
으로 리셋 시키는 방법에 대해 알아보자.

9.1.1. reset핀을 이용하여 리셋하기

 아두이노의 reset핀을 디지털 핀에 연결하여 디지털 신호를 이용하여 아두이노를
리셋하는 방법이다. reset핀을 디지털 핀에 연결하고 해당 디지털 핀에 LOW 신호
를 주면 아두이노는 리셋을 수행한다.

 ❏ 회로구성도

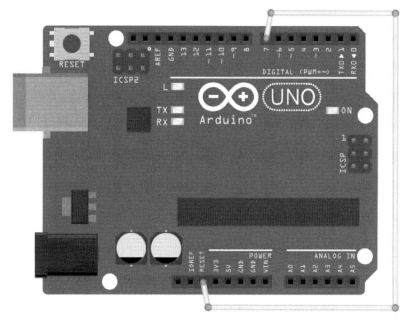

그림 9-1 리셋핀 제어를 위한 회로구성

```
unsigned long time;
void setup() {
    Serial.begin(9600);
    digitalWrite(7,HIGH); //reset과 연결된 핀에 HIGH신호를 준다.
    Serial.println("Setup Start");
    delay(1000);
    pinMode(7,OUTPUT);
}
void loop() {
    Serial.println("Loop Start");
    Serial.print("Time: ");
    time = millis(); //아두이노가 현재 프로그램을 실행시킨 후 경과된
                     // 시간을 가져옴
    Serial.println(time);
    delay(1000);
    digitalWrite(7,LOW); // reset핀에 LOW 신호를 준다.
    Serial.println("HERE"); // 이 코드는 실행되지 않음
}
```

실행결과를 살펴보면 loop 함수 내에서 "digitalWrite(7,LOW);"이 수행되면 아두
이노가 리셋되어 다시 setup 함수 부터 프로그램이 수행되어 리셋을 수행하는
"digitalWrite(7,LOW);" 코드 다음에 있는 "Serial.pritnln("HERE");" 코드는 수행
되지 않는다. millis 함수는 아두이노에서 현재 프로그램을 수행하고 난 후 지난 시
간을 밀리 초로 반환하는 함수이다. 시리얼 모니터에 찍힌 시간을 보면 아두이노를
반복적으로 리셋하기 때문에 프로그램 수행 시간이 늘어나지 않고 일정하게 출력되
는 것을 확인할 수 있다.

9.1.2. watchdog을 이용하여 reset하기

watchdog(와치독)은 와치독 타이머라는 용어와 혼용해서 쓰이며 CPU가 비정상적인 상태(행업, 무한 루프)에 있는지를 주기적으로 감시하여 리셋을 해주는 기능을 말한다. 와치독은 다음과 같은 동작 흐름을 가진다. 와치독을 타이머시간과 함께 선언(활성화)해주면 와치독 타이머가 실행된다. 프로그램 내에서 정상적인 로직이 흘러간다면 주기적으로 이 타이머를 리셋해주어 타이머 시간이 종료되지 않도록 프로그램 해주고 만약 프로그램이 정상적으로 수행되지 않아 와치독 타이머가 종료되면 시스템을 리셋하게 된다.

❏ 와치독을 이용한 첫 번째 프로그램

. 앞서 설명한 대로 와치독을 활성화시킨 후 와치독 타이머가 종료되면 리셋을 하도록 프로그래밍 해보자. 2번핀에 연결된 LED가 깜박이는 주기를 점점 늘려주다가 특정 시간이 지나면 아두이노가 reset이 되도록 하는 프로그램이다. 와치독을 사용하려면 wdt.h 헤더파일을 include 해줘야 하는데 wdt.h 헤더파일에는 와치독을 활성화시키는 wdt_enable(timeout), 비활성화 시키는 wdt_disable(), 그리고 와치독 타임을 리셋해주는 wdt_reset()이 매크로 형식으로 정의되어 있다. 아래의 프로그램은 setup 함수에서 wdt_enable()을 수행하여 와치독을 활성화 시킨 후 for 반복문을 통해 delay() 시간을 점점 증가시켜 wdt_reset()함수의 호출간격이 늘어나도록하여 와치독 타이머가 종료되도록 하는 프로그램이다. LED를 연결하는 회로도는 여러 번 반복하였으므로 여기서는 회로도는 생략하였다.

```
//와치독 사용을 위한 헤더파일
#include <avr/wdt.h>
// 아두이노가 켜진 시간을 저장하는 변수
unsigned long on_time;
int i=1; // delay 시간을 늘려주기 위한 변수
void setup() {
    Serial.begin(9600);
```

```
    //LED를 2번핀에 연결
    pinMode(2,OUTPUT);
    Serial.println("On setup ");
    delay(1000);
    // 와치독 타이머를 1초로 지정-> 1초 동안 와치독 타임 리셋이 없으면
    // 아두이노를 리셋함
    wdt_enable(WDTO_1S);
}
void loop() {
    // 와치독 타임 리셋
    wdt_reset();
    // 아두이노가 켜진 후 경과한 시간 시리얼모니터에 출력
    Serial.print("Arduino Up Time: ");
    on_time = millis();
    Serial.print(on_time/1000.0, 1);
    Serial.println("S ");
    digitalWrite(2,HIGH);
    //200*i시간만큼 지연시켜줌. i값은 loop()함수가 수행될 때마다 1씩 증가
    // i값이 4가 되면 총 지연시간이 1초를 넘게 되므로 아두이노가 리셋
    delay(200*i);
    digitalWrite(2,LOW);
    // 0.2초 지연하여 LED 꺼짐 표시
    delay(200);
    i++;
}
```

시리얼 모니터로 보면 loop 함수 내에서 wdt.reset()을 수행하여 주기적으로 와치
독 타이머를 리셋하여 주는데 i값이 증가함에 따라 delay 시간이 증가하여 와치독

타이머가 1초가 지나도 와치독 타이머가 리셋이 되지 않아 타이머 시간이 종료되면서 아두이노가 리셋 되도록 프로그램 하였다. LED도 점멸 간격이 길어지다가 리셋이 되면서 다시 처음 간격으로 불이 점멸하게 된다.

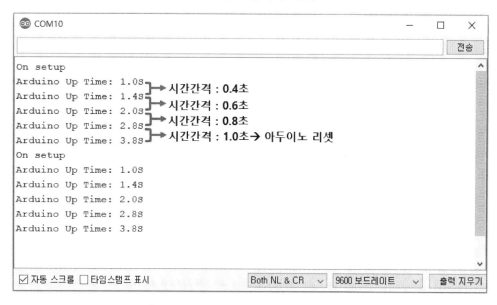

그림 9-2 와치독 리셋 프로그램 수행 결과

수행결과를 살펴보면 Time을 찍는 간격이 1초보다 커지면 아두이노가 리셋 되어 다시 setup함수가 호출되는 것을 확인할 수 있다.

❑ 두 번째 프로그램 해보기

위와 같은 경우는 무언가 응답이 없거나 행업이 걸리는 경우 유용하게 사용될 수 있는 방법이다. 만약 프로그램이 응답을 안 하거나 하는 건 아닌데 지속적으로 센서간 연결이 안 되어 통신오류가 발생해서 리셋을 해주고 싶은 경우는 어떻게 할까? 위와 같은 방법으로 구현하기 보다는 필요할 때 와치독을 enable시켜 시간을 짧게 주어 리셋을 하도록 하면 된다. 위와 동일한 회로에 LED를 5번 깜박거리다가 리셋을 하는 프로그램을 구현해보자.

```
#include <avr/wdt.h> //와치독 사용을 위한 헤더파일
// 아두이노가 켜진 시간을 저장하는 변수
unsigned long on_time;
```

```
int i=1; // delay 시간을 늘려주기 위한 변수
void setup() {
    Serial.begin(9600);
    pinMode(2,OUTPUT);   //LED를 2번핀에 연결
    Serial.println("On setup ");
    delay(1000);
    wdt_disable(); // 와치독을 비활성화 시킨다.
}
void loop() {
    // 아두이노가 켜진 후 경과한 시간 시리얼모니터에 출력
    Serial.print("Arduino Up Time: ");
    on_time = millis();
    Serial.print(on_time/1000.0, 1);
    Serial.println("S ");
    digitalWrite(2,HIGH);
    delay(200*i);
    digitalWrite(2,LOW);
    //loop 함수를 4회 이상 반복하면
    if( i>4 ) {
        // 와치독 타이머를 15ms 시간으로 활성화 한다.
        wdt_enable(WDTO_15MS);
        //15ms 지연을 주어 아두이노를 리셋 시킨다.
        delay(15);
    }
    delay(200);
    i++;
}
```

수행 결과는 앞서 프로그래밍 한 것과 동일하게 출력되지만 리셋이 되는 과정은 loop함수가 한번 수행될 때마다 i값을 1씩 증가시켜 i값이 4보다 커지면 아두이노를 리셋하도록 프로그램 한 것이다. I2C 통신 혹은 SPI 통신을 통해 아두이노와 연결된 센서들의 경우 통신 연결이 원활하지 못하여 통신 에러가 발생하는 경우가 간혹 발생한다. 이때 별다른 조치 없이 아두이노를 리셋해주면 다시 연결이 잘 되는 경우가 있는데 이런 경우를 자동으로 해결해주기 위한 프로그램을 작성할 때 유용할 것이다.

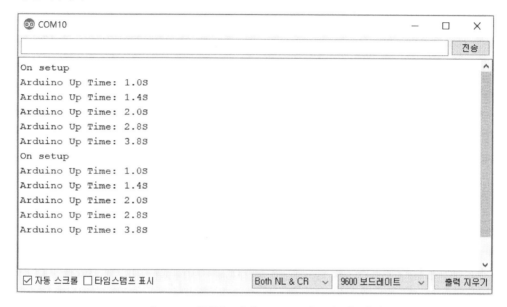

그림 9-3 와치독 리셋 프로그램2 수행 결과

※ 아두이노 나노의 경우 와치독이 정상 작동되지 않는다. 부트로더의 문제라고 하는데 아직 해결하지는 않은 듯하다. 만약 나노보드를 이용해서 와치독 리셋기능을 꼭 사용하고자 한다면 나노에 아두이노 우노의 부트로더를 업로드하여 사용하는 것도 하나의 방법이 될 듯. 단 이때는 나노의 A6,A7번핀을 사용하지 못한다.

9.1.3. 프로그램 다시 시작하기

해당 방법은 보드 자체를 재기동하지는 않고 프로그램을 다시 시작하는 방법이다. 프로그램을 다시 시작하기 때문에 setup 함수부터 다시 시작되게 된다. 하지만 보드를 리셋하는 개념은 아니기 때문에 기존에 핀이 가지고 있던 값이 다시 초기화되거나 하지는 않는다.

 사용방법은 void(* resetFunc) (void) = 0;를 정의하고 리셋이 필요한 곳에서 해당 함수를 호출하면 된다. 이 함수는 프로그램의 시작 위치를 처음으로 가도록 하는 함수이다. LED를 2, 3번핀에 연결하여 놓고 차례로 2, 3번핀에 HIGH신호를 주되 3번핀에 HIGH신호를 주기 전에 resetFunc()함수를 호출해보자. 그렇게 되면 3번핀에 연결된 LED에는 불이 들어오지 않고 LED2번만 불이 들어왔다 꺼졌다 반복하게 된다.

```
unsigned long on_time;
//프로그램의 수행위치를 시작점을 처음으로 되돌리는 함수
void(* resetFunc) (void) = 0;
void setup() {
    Serial.begin(9600);
    // 2,3번핀에 LED를 연결
    pinMode(2,OUTPUT);
    pinMode(3,OUTPUT);
    //LED를 OFF 시킨다.
    digitalWrite(2,LOW);
    digitalWrite(3,LOW);
    delay(1000);
}
void loop() {
    // 아두이노가 켜진 후 경과한 시간 시리얼모니터에 출력
    Serial.print("Arduino Up Time: ");
    on_time = millis();
    Serial.print(on_time/1000.0, 1);
    Serial.println("S ");
```

```
    // 2번 LED를 켠다.
    digitalWrite(2,HIGH);
    Serial.println("LED2 ON");
    delay(1000);
    // 프로그램 수행위치를 처음 시작점으로 가도록 하는 함수 호출
    resetFunc();
    // 이후 문장들은 수행되지 않는다.
    digitalWrite(3,HIGH);
    Serial.println("Reach here");
}
```

위 프로그램을 수행시키면 2번핀에 연결된 LED는 계속 켜졌다 꺼졌다를 반복하고 3번핀에 연결된 LED는 계속 꺼져 있는 상태를 지속한다. 그럼 위와 같은 방법으로 reset 한 경우와 와치독을 이용해서 reset 한 경우의 차이점은 무엇인지 알아보자. 위의 프로그램에서 setup 함수 내에 digitalWrite(2,LOW); 이 부분을 삭제하고 프로그램을 업로드 해보면 2번핀에 연결된 LED는 꺼지지 않고 계속 켜져있음을 확인할 수 있다. 프로그램만 다시 처음부터 다시 수행되는 것이기 때문에 하드웨어 적으로 핀에 세팅된 출력값은 변화가 없다. 앞에서 설명했던 와치독을 이용해서 동일한 기능을 수행하도록 프로그램해서 테스트를 수행하면 리셋이 되면 2번핀에 연결된 LED가 꺼졌다가 켜지는 걸 확인할 수 있다. 결국 와치독을 이용하여 리셋하면 하드웨어 리셋이 되면서 기존의 핀정보도 모두 초기화된다는 것을 의미한다.

다음의 프로그램이 와치독을 이용하여 동일한 기능을 수행하는 프로그램이다.

```
#include <avr/wdt.h>
unsigned long on_time;
void setup() {
    Serial.begin(9600);
    pinMode(2,OUTPUT);
```

```
        delay(1000);
        wdt_disable();
}
void loop() {
        Serial.print("Time: ");
        on_time = millis();
        Serial.println(on_time);
        digitalWrite(2,HIGH);
        delay(1000);
        wdt_enable(WDTO_15MS);
        delay(15);
}
```

프로그램을 업로드하여 수행하면 리셋될 때마다 2번핀에 연결된 LED가 꺼졌다 켜지는 것을 확인 할 수 있다.

9.2 인터럽트 사용하기

인터럽트란 내부 혹은 외부요인에 의해서 현재 CPU에서 수행되고 있는 작업을 중지시키고 발생된 인터럽트 처리를 위해 사전에 정의된 작업을 수행하도록 제어권을 넘기는 것을 말한다. 인터럽트를 발생시키면 CPU로부터 작업 우선권을 가지고 올 수 있게 된다.

인터럽트 관련 용어

❏ IRQ(Interrupt ReQuest) : 인터럽트를 요청하는 신호.

❏ ISR(Interrupt Service Rutine) : 인터럽트가 발생했을 때 수행되는 일련의 과정.

❏ Interrupt Vector Table : 각 인터럽트별 ISR의 시작 주소를 가지고 있는 테이블.

프로그램 수행 중 인터럽트가 발생하여 처리되는 과정은 다음의 그림과 같다.

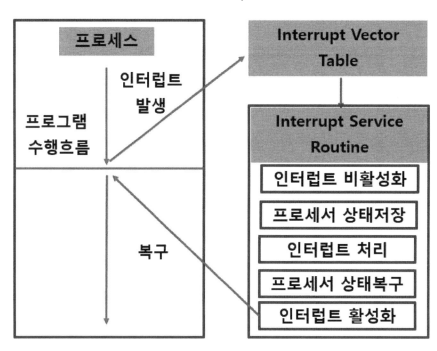

그림 9-4 인터럽트 수행 흐름

9.2.1 아두이노 인터럽트

아두이노의 인터럽트는 하드웨어 인터럽트와 소프트웨어 인터럽트의 2가지 종류가 있다.

❏ 하드웨어 인터럽트 : 아두이노의 기본 라이브러리에서 지원하는 하드웨어 인터럽트는 인터럽트 핀의 상태가 LOW에서 HIGH로 바뀌거나 아니면 HIGH에서 LOW로 바뀔 때 인터럽트를 발생시킨다.

❏ 소프트웨어 인터럽트 : 보드에서 발생시키는 상태의 변화가 아니라 타이머와 같이 소프트웨어 적으로 발생시키는 인터럽트를 말한다.

9.2.2 external 인터럽트 사용하기

external 인터럽트는 하드웨어 인터럽트의 방법 중 하나로 아두이노 보드에서 external 인터럽트 핀으로 지정된 핀의 상태가 변하는 것을 감지하여 인터럽트를 발생시키는 방법이다. 아두이노 우노/나노의 경우에는 external 인터럽트 핀이 디지털 2번, 디지털 3번핀으로 지정되어 있고 메가의 경우에는 2, 3, 18, 19, 20, 21번핀 이다.

❑ external 인터럽트에서 사용되는 함수

. attachInterrupt(digitalPinToInterrupt(pin), ISR, mode) : 인터럽트를 발생시킬 핀을 지정하고 지정한 핀의 상태가 지정된 값(mode)으로 변했을 때 인터럽트를 발생시켜 ISR에 정의된 함수 수행한다.

→ digitalPinToInterrupt(pin) : 인터럽트를 발생시킬 핀번호를 정의해 준다. 앞서 설명한대로 우노/나노의 경우에는 D2,D3핀이 external 인터럽트 핀이므로 pin 값에는 2혹은 3이 들어간다.

→ ISR : 인터럽트가 발생하면 호출할 함수 명. 전달되는 매개변수는 없음

→ mode : 핀 값의 변화에 따라 인터럽트 발생 조건을 정의한다.

설정값	인터럽트 발생시점
LOW	핀에 LOW 값이 설정될때 마다 인터럽트 발생
CHANGE	핀의 값이 바뀌면 인터럽트 발생
RISING	핀의 값이 LOW에서 HIGH로 바뀌면 인터럽트 발생
FALLING	핀의 값이 HIGH에서 LOW로 바뀌면 인터럽트 발생
HIGH	핀에 HIGH 값이 설정될때 마다 인터럽트 발생

그림 9-5 인터럽트 mode 설정 값

external 인터럽트를 활용한 예제를 만들어 보자. 구현할 내역은 loop 함수 내에서 3개의 LED(빨강, 파랑, 노랑)를 3초에 한 번씩 껐다 켰다를 반복적으로 수행하도록 프로그래밍 하고 버튼을 D2번핀에 연결하여 핀의 값이 RISING(LOW에서 HIGH로 바뀌면)되면 파랑LED의 상태를 반대로 변경(ON이면 OFF, OFF면 ON)하도록 하는 프로그램이다. 기존의 프로그램 수행 흐름은 loop 함수 내에서 delay를 수행 중에 있지만 인터럽트를 발생시키면 제어권을 넘겨받아 핀의 값을 변경시키는 예제이다. 프로그램에서 보면 loop 함수 내에서는 3개의 LED에 항상 같은 신호를 주도록 되어있는데 인터럽트에 의해서 프로그램 수행 중 파란색 LED의 신호만 바뀌도록 프로그램 하였다.

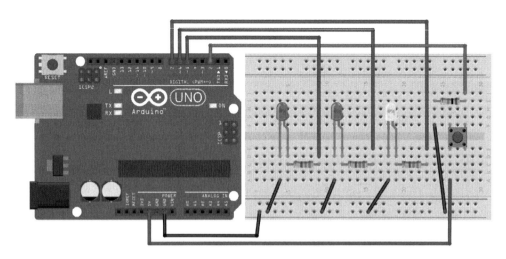

그림 9-6 버튼 인터럽트 회로도

```
//LED를 5,6,7번핀에 연결
#define R_LED 5
#define B_LED 6
#define Y_LED 7
// 푸쉬버튼을 2번핀에 연결(external 인터럽트 핀)
#define INTERRUPT_PIN 2
int blue_stat; //파란색LED의 상태를 저장하는 변수
void setup() {
    pinMode(R_LED, OUTPUT);
    pinMode(B_LED, OUTPUT);
    pinMode(Y_LED, OUTPUT);
    pinMode(INTERRUPT_PIN, INPUT_PULLUP); //2번핀에 버튼할당
    // 2번핀이 눌러졌을 때 인터럽트가 발생하여 change_blue 함수를
    // 호출하도록 설정
    attachInterrupt(digitalPinToInterrupt(INTERRUPT_PIN),
        change_blue, RISING);
}
```

```
void loop()

{

        // 3가지 색깔의 LED를 켜도 파란색 LED 상태를 HIGH로 바꿈
        blue_stat=HIGH;
        digitalWrite(R_LED, HIGH);
        digitalWrite(B_LED, HIGH);
        digitalWrite(Y_LED, HIGH);
        delay(3000);
        // 3가지 색깔의 LED를 끄고 파란색 LED상태를 LOW로 바꿈
        blue_stat=LOW;
        digitalWrite(R_LED, LOW);
        digitalWrite(B_LED, LOW);
        digitalWrite(Y_LED, LOW);
        delay(3000);

}

void change_blue() {

        // 파란색 LED의 상태를 전환. 켜져있으면 끄고, 꺼져있으면 켠다.
        digitalWrite(B_LED, !blue_stat);

}
```

위 프로그램을 업로드하면 프로그램 진행과 상관없이 버튼을 누를 때마다 파란색
LED가 ON/OFF 되는 것을 확인할 수 있다.

9.2.3 Timer 인터럽트 사용하기

Timer 인터럽트란 특정 주기가 되었을 때 인터럽트를 발생시키도록 하는 인터럽
트다. 주기적인 작업을 수행할 때 사용되며 아두이노 우노와 나노에서는 Timer0,
Timer1, Timer2의 세 개의 Timer가 있다. 각 Timer별 사용처와 특징은 다음과
같다.

Timer 명	사용 라이브러리, 함수	비트	PWM제어핀
Timer0	delay(), millis(), micros() 과 같은 시간관련 함수	8비트	D5,D6
TImer1	서보 라이브러리에서 사용	16비트	D9,D10
Timer2	tone함수에서 사용	8비트	D11,D3

그림 9-7 아두이노 우노/나노 타이머

이 타이머들의 실행 모드, 주기, Timer 인터럽트 설정 등은 Timer 레지스터를 수정하여 설정할 수 있다. avr의 레지스터를 직접 다루려면 그에 관한 학습이 필요하다. 여기서는 라이브러리를 이용하여 Timer를 제어하는 방법에 대해 알아보자. 사용할 라이브러리는 MsTimer2이며 해당 타이머는 Timer2를 사용하는 라이브러리이다. 라이브러리는 https://github.com/PaulStoffregen/MsTimer2에서 다운로드해서 사용하면 된다. 사용법은 간단하다. MsTimer2::set(타이머 동작주기, ISR)함수를 사용하여 타이머 동작주기와 ISR함수를 지정 후, MsTimer2::start()하면 타이머가 활성화되고 MsTimer2::stop()하면 타이머를 종료시킨다. 앞장에서 프로그램 하였던 3개의 LED 중 파란색 LED만 버튼이 눌려지면 상태를 바꾸어 주는 프로그램을 Timer 인터럽트를 이용하여 파란색 LED만 2초에 한 번씩 상태를 바꾸어 주도록 프로그램을 바꾸어보자. 타이머 동작시간은 ms 단위이다.

```
#include 〈MsTimer2.h〉 //MsTimer 라이브러리 사용을 위한 헤더파일
#define R_LED 5
#define B_LED 6
#define Y_LED 7
int blue_stat; //파란색LED의 상태를 저장하는 변수
void setup() {
    pinMode(R_LED, OUTPUT);
    pinMode(B_LED, OUTPUT);
    pinMode(Y_LED, OUTPUT);
    MsTimer2::set(2000, change_blue);//2초 주기로 change_blue호출
    MsTimer2::start(); //타이머 시작

}
```

```
void loop() {
        // 3가지 색깔의 LED를 켜고 파란색 LED 상태를 HIGH로 바꿈
        blue_stat=HIGH;
        digitalWrite(R_LED, HIGH);
        digitalWrite(B_LED, HIGH);
        digitalWrite(Y_LED, HIGH);
        // LED가 켜진 상태로 3초 유지
        delay(3000);
        // 3가지 색깔의 LED를 끄고 파란색 LED상태를 LOW로 바꿈
        blue_stat=LOW;
        digitalWrite(R_LED, LOW);
        digitalWrite(B_LED, LOW);
        digitalWrite(Y_LED, LOW);
        delay(3000);
}
void change_blue()
{
        // 파란색 LED의 상태를 전환. 켜져 있으면 끄고, 꺼져 있으면 켠다
        digitalWrite(B_LED, !blue_stat);
}
```

위 프로그램을 업로드하면 프로그램의 진행 상태에 상관없이 2초에 한 번씩 주기적으로 파란색 LED의 상태가 변하는 것을 확인할 수 있다.

msTimer2 외에도 Timer1을 제어하는 라이브러리로는 TimerOne 라이브러리가 있고 Timer2를 제어하는 라이브러리로는 FlexiTimer2 라이브러리가 있다.

미세먼지 측정기

구성품 : 우노,
미세먼지 측정센서,
1602LCD,
온습도센서,
미니브레드보드, RGB LED, 측정기 프레임

```
try{
    if(a != b){
        c += b;
        get_comm(&
    }
}
```

CHAPTER 10

프로젝트 활동

1. 블루투스로 제어하는 무드등
2. 음악을 연주하며 춤추는 인형
3. 로드셀을 이용한 헤머게임
4. 지문인식센서를 이용한 금고 만들기

CHAPTER10 프로젝트 활동

10.1 블루투스로 제어하는 무드등

구현 내역	블루투스로 제어되며, 수동부저를 이용하여 음악도 연주하는 네오픽셀 크리스마스트리 무드등.
관련 챕터	5.3 아날로그 입/출력 함수를 이용한 조도센서 피아노 만들기 7.5 네오픽셀 사용하기 8.1 아두이노로 블루투스 통신하기
준비 물	아두이노 나노, 미니브레드 보드, 네오픽셀, 블루투스 모듈(HC-06) 수동부저, 무드등 프레임(3D 프린터, 아크릴), 점퍼 케이블.
상세 구현 내역	블루투스 통신을 이용하여 문자를 전송하면, 전송된 문자에 따라 무드등 색상을 바꾸고 캐럴(고요한밤 거룩한밤)도 연주하는 무드등 구현. 각 문자별 동작 수행 내역.

문자코드	동작내역
a	무드등 색상을 skyblue로 바꾼다.
b	무드등 색상을 violet로 바꾼다.
c	무드등 색상을 orange로 바꾼다.
d	캐럴을 연주하면서 무드등의 색깔을 바꾸어준다
o	무드등을 끈다.

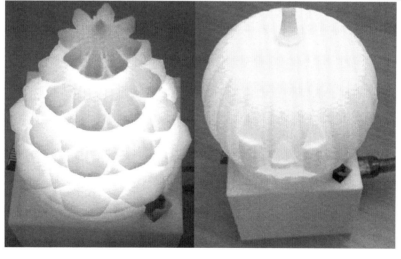

그림 10-1 블루투스로 제어하는 무드등 예시

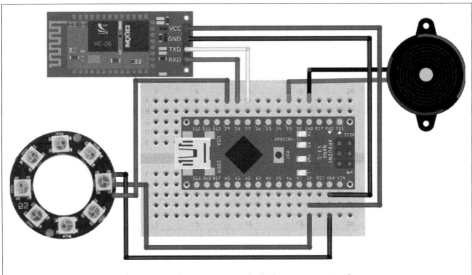

그림 10-2 블루투스로 제어하는 무드등 회로도

<table>
<tr><td rowspan="1">프로
그램
코드</td><td>

#include 〈Adafruit_NeoPixel.h〉 //네오픽셀 사용을 위한 헤더파일

#include 〈SoftwareSerial.h〉

#include "frequency.h" // 음계 주파수를 저장하는 헤더파일로

    // 각음계의 이름과 주파수를 지정하도록 직접 작성

    // 예시) #define NOTE_A3   220

#define PIN 9 // 네오픽셀 DI 연결핀

#define NUMPIXELS 8 // Popular NeoPixel ring size

#define BUZ 3 //수동부저 연결핀

Adafruit_NeoPixel pixels(NUMPIXELS, PIN, NEO_GRB +

        NEO_KHZ800);   //네오픽셀 사용을 위한 객체 생성

//블루투스 통신을 위한 소프트웨어 시리얼 생성

SoftwareSerial mySerial(7, 8);

//캐럴 연주시 4음계마다 색깔을 변경시켜 주기 위한 RGB코드 배열

int color[12][3]={ {255,255,0},{0,0,153},{51,204,51},{102,0,102},

        {200,125,0},{120,200,51},{0,200,120},{31,150,150},

        {255,223,36},{255,100,100},{250,10,10},{30,250,30}};

</td></tr>
</table>

프로
그램
코드
	//캐럴의 전체 음계(48음계)를 4음계씩 나누어 연주하기위해 구분한
	//음계 배열. 4음계 마다 색깔을 바꿔주기 위하여 4음계단위로 구분
	int note[12][4]={ {NOTE_G4,NOTE_A4, NOTE_G4,NOTE_E4},
	                {NOTE_G4,NOTE_A4, NOTE_G4,NOTE_E4},
	                {NOTE_D5,NOTE_D5,NOTE_B4,NOTE_C5},
	                {NOTE_C5,NOTE_G4,NOTE_A4,NOTE_A4},
	                {NOTE_C5,NOTE_B4,NOTE_A4,NOTE_G4},
	                {NOTE_A4,NOTE_G4,NOTE_E4,NOTE_A4},
	                {NOTE_A4,NOTE_C5,NOTE_B4,NOTE_A4},
	                {NOTE_G4,NOTE_A4,NOTE_G4,NOTE_E4},
	                {NOTE_D5,NOTE_D5,NOTE_F5,NOTE_D5},
	                {NOTE_B4,NOTE_C5,NOTE_E5,NOTE_C5},
	                {NOTE_G4,NOTE_E4,NOTE_G4,NOTE_F4},
	                {NOTE_D4,NOTE_C4,NOTE_C4,NOTE_C4}};
	// 각 음계별 박자를 저장하는 배열
	//4는 1박자, 8은 1/2박자, 2는 2박자
	float noteDuration[12][4]={{3,8,4,1.5},{3,8,4,1.5},{2,4,1.5,2},
	                {4,1.5,2,4}, {3,8,4,3}, {8,4,1.5,2},
	                {4,3,8,4},{3,8,4,1.5}, {2,4,3,8},
	                {4,1.5,1.5,4},{4,4,3,8},{4,2,3,3}};
	void setup()
	{
	    pixels.begin(); // 네오픽셀 활성화
	    Serial.begin(9600);
	    mySerial.begin(9600);
	}

```
//네오픽셀을 끄는 함수
void neo_clear()
{
        for(int i=0;i<8;i++) {
            pixels.setPixelColor(i,0,0,0);
            pixels.show();
        }
}
// 네오픽셀에 색깔을 만들어주는 함수
void set_color(int r, int g, int b)
{
  // 네오픽셀 8개의 LED에 각각 색깔 적용
  for(int i=0;i<8;i++) {
        //매개변수로 전달받은 r,g,b값으로 LED 색깔변경
        pixels.setPixelColor(i,r,g,b);
        pixels.setBrightness(80); // 밝기 지정
        pixels.show();
  }
}
void loop() {
  if (mySerial.available()) {
    char ch=mySerial.read();
    //문자에 따라 동작 수행을 위한 switch문 사용
    switch (ch) {
      case 'a' :
          set_color(135,206,235); //SkyBlue로 무드등 색깔 변경
          break;
```

프로그램코드

프로
그램
코드
	``
	        case 'b' :
	            set_color(238,130,238); //Violet으로 무드등 색깔 변경
	        break;
	        case 'c' :
	            set_color(255,165,0); //Orange로 무드등 색깔 변경
	        break;
	        case 'd' : //문자 d가 들어오면 캐럴 연주
	            // 음악 연주를 위해 음계 배열의 크기만큼 반복문 수행
	            for(int i=0;i<12;i++) {
	                song(i); // 소리 출력 및 색상변경을 위한 함수 호출
	            }
	        break;
	        case 'o' :
	            neo_clear(); //네오픽셀 LED off
	        break;
	        default : break;
	        }
	    }
	}
	//음악을 연주하면서 무드등 색깔을 바꾸어 주는 함수
	void song(int data)
	{
	    //4개의 음계가 출력될 동안 네오픽셀에 출력할 색상 지정
	    for(int i=0;i<8;i++) {
	        // i번째 LED에 네오필셀 색깔 지정
	        pixels.setPixelColor(i,color[data][0],color[data][1],
	                color[data][2]);
	``

프로
그램
코드
	pixels.setBrightness(80);
	
	pixels.show();
	
	}
	
	int tempo=2000; // 박자의 길이를 산정하는 변수
	// 음계 배열의 각 행에 저장된 계이름 출력을 위한 반복문
	//가령 data에 0이 전달되면(첫 번째 소절)
	// note[0]의 4개 배열 { NOTE_G4,NOTE_A4, NOTE_G4,
	// NOTE_E4 }의 주파수를 수동부저를 통해 출력(솔, 라, 솔, 미)
	for(int k=0;k<4;k++) {
	    // 박자 계산
	    int duration = tempo/noteDuration[data][k];
	    //tone함수를 통해 음계출력
	    tone(BUZ,note[data][k],duration);
	    //박자에 맞춰 소리유지
	    delay(duration);
	    noTone(BUZ);
	    }
	}

프로 젝트 확장	2대의 무드등을 블루투스로 서로 페어링 하여 캐럴을 합주하는 무드등 만들기. ❏ 구현 아이디어 . 2대의 무드등이 블루투스 통신으로 데이터를 주고받도록 프로그램. . 연주하고자 하는 캐럴을 2개의 무드등이 나누어서 연주하도록 프로그램 구현. . 자신의 소절이 끝나면 상대방 무드등에게 다음 소절을 연주하도록 연주 시작 위치를 전송 . 참고사이트 : https://blog.naver.com/simjk98/221729846600

10.2 음악을 연주하면서 춤추는 인형

구현 내역	마리오네트 인형과 서보모터를 이용하여 수동부저로 음악을 연주하면서 춤추는 인형 구현.
관련 챕터	5.3 아날로그 입/출력 함수를 이용한 조도센서 피아노 만들기 6.2 서보모터 사용하기
준비 물	아두이노 나노, 나노IO확장보드, 서보모터×4, 수동부저모듈, 마이오네트 인형 지지대
상세 구현 내역	마리오네트 인형의 4개의 줄을 서보모터 4개에 각각 연결. 서보모터의 각도를 조절하여 마리오네트 인형이 움직이도록 프로그램. 수동부저를 이용하여 징글벨 캐럴 연주. 인형을 움직일 서보모터의 각도를 배열에 저장하여 캐럴이 연주되는 동안 움직일 각도를 사전에 정해놓은 방식의 프로그램과 음계의 높낮이에 따라 서보모터의 이동 각도를 달리 계산하여 움직이는 위치를 정하는 방식의 프로그램, 이 두가지 방식의 프로그램을 각각 구현.

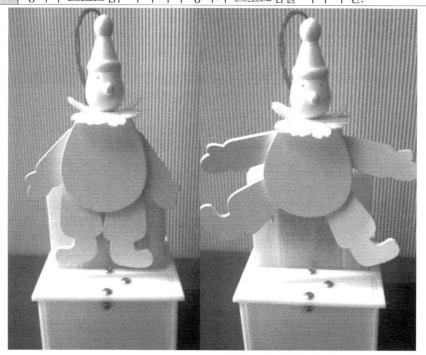

그림 10-3 움직이는 인형 초기상태(좌) 및 작동예시

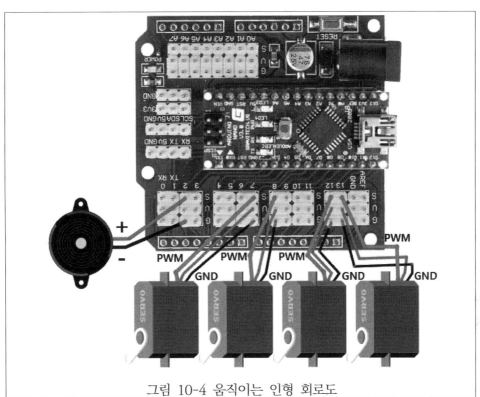

그림 10-4 움직이는 인형 회로도

배열을 이용한 프로그램 코드	//프로그램 설명
	// 음악연주를 위한 음계는 note배열에 저장되고,
	// 박자는 noteDuration배열에 저장됨. 인형이 움직이는 각도는
	// 각 음계별로 4개의 서보모터를 제어하여야 하므로 2차원 배열인
	// move_offset에 저장됨. 결국 하나의 음계 당 4개의 서보모터가
	// 움직임
	#include 〈Servo.h〉
	#define LINIT 20 // 왼쪽서보모터의 초기 각도
	#define RINIT 160 // 오른쪽 서보모터의 초기각도
	#include "frequency.h" // 음계 주파수를 저장하는 헤더파일로
	              // 각음계의 이름과 주파수를 지정하도록 직접 작성
	           // 예시) #define NOTE_A3 220

| 배열을 이용한 프로그램 코드 | Servo act_servo[4]; //서보모터 사용을 위한 객체 저장 배열

int servo_pin[4]={7,8,12,13};//서보모터 연결핀 좌상,좌하,우상,우하

int BUZ=2; //부저 연결핀

int init_angle[4]={LINIT,LINIT, RINIT,RINIT};//서보모터 초기각도

int init_offset[4]={1,1,-1,-1}; //각도 변경을 위한 상대값

// 계이름 저장 배열. 각 음계별 주파수는 frequency.h 헤더파일에
// 정의하여 놓아야 함

int note[51]={NOTE_D4, NOTE_B4, NOTE_A4, NOTE_G4,
      NOTE_D4, REST, NOTE_D4, NOTE_B4, NOTE_A4,
      NOTE_G4, NOTE_E4, REST, NOTE_E4, NOTE_C5,
      NOTE_B4, NOTE_A4, NOTE_FS4, REST, NOTE_D5,
      NOTE_D5, NOTE_C5, NOTE_A4, NOTE_B4, NOTE_G4,
      REST, NOTE_D4, NOTE_B4, NOTE_A4, NOTE_G4,
      NOTE_D4, REST, NOTE_D4, NOTE_B4, NOTE_A4,
      NOTE_G4, NOTE_E4, REST , NOTE_E4, NOTE_C5,
      NOTE_B4,NOTE_A4, NOTE_D5, NOTE_D5, NOTE_D5,
      NOTE_D5, NOTE_E5,NOTE_D5,NOTE_C5,NOTE_A4,
      NOTE_G4, REST };

// 각 음계별 박자를 저장하는 배열
//4는 1박자, 8은 1/2박자, 2는 2박자
float noteDuration[51]={8, 8, 8, 8, 3, 8, 8, 8, 8, 8, 3, 8,
          8, 8, 8, 8, 3, 8, 8, 8, 8, 8, 4, 8, 8,
          8, 8, 8, 8, 3, 8, 8, 8, 8, 8, 3, 8,
          8, 8, 8, 8, 6, 16, 8, 8, 8, 8, 8, 8, 3, 8};

// 서보모터 이동각도를 저장하는 배열
int move_offset[51][4] = { {30,0,30,0}, {0,20,0,20}, {30,0,30,0},
     {0,15,0,15}, {20,30,20,30}, {40,30,40,30}, {60,50,60,50}, |

```
     {20,30,20,30}, {50,0,50,0}, {30,20,30,20}, {0,0,0,0},
     {15,0,15,0}, {30,15,30,15}, {40,0,40,0}, {20,20,20,20},
     {10,10,10,10}, {30,30,30,30}, {10,10,10,10}, {25,25,25,25},
     {40,40,40,40}, {20,20,20,20}, {40,40,40,40}, {10,10,10,10},
     {35,35,35,35}, {50,50,50,50}, {30,0,30,0}, {0,20,0,20},
     {30,0,30,0}, {0,20,0,20}, {20,50,20,50}, {40,30,40,30},
     {60,50,60,50}, {20,30,20,30}, {50,0,50,0}, {30,20,30,20},
     {0,0,0,0}, {15,0,15,0}, {30,15,30,15}, {40,0,40,0},
     {20,20,20,20}, {10,10,10,10}, {30,30,30,30}, {10,10,10,10},
     {25,25,25,25},{40,40,40,40}, {20,20,20,20}, {40,40,40,40},
     {10,10,10,10},{35,35,35,35},{50,50,50,50}, {30,30,30,30}};
void setup() {
  for(int i=0;i<4;i++) { // 인형을 움직일 서보모터 4개를 활성화
       act_servo[i].attach(servo_pin[i]);
  }
  Serial.begin(9600);
  // 서보모터 초기 위치로 이동
  init_servo();
  pinMode(BUZ,OUTPUT);
}
// 서보모터를 초기 위치로 이동시키는 함수
void init_servo()
{
  for(int i=0;i<4;i++) {
       act_servo[i].write(init_angle[i]); //서보모터 초기위치 이동
  }
}
```

| 배열을 이용한 프로그램 코드 | ```
void move_servo(Servo servo, int angle)
{
    servo.write(angle);
}
// 이동할 서보모터의 각도를 계산하여 서보모터 각도 조절함수 호출
void cal_locate(int index)
{
    for(int i=0;i<4;i++)
    {
        int move_angle;
        // 서보모터 초기 위치값을 기준으로 움직일 서보모터 각도를
        // 전달받아 최종 위치할 서보모터 각도를 계산
        // 왼쪽 상/하 서보모터는 초기 각도가 20도 이므로 초기값에서
        // 각도가 점점 늘어나도록 이동값을 더해 주고
        // 오른쪽 상/하 서보모터는 초기 각도가 160도 이므로
        // 초기값에서 각도가 점점 줄어들도록 이동값을 빼줘야 함.
        // 이를 위해 init_offeset[4] 배열에 {1,1,-1,-1} 저장
        move_angle=init_angle[i] +
                      init_offset[i]*move_offset[index][i];
        // 계산된 각도만큼 서보모터 각도 조절
        move_servo(act_servo[i],move_angle);
    }
}
void loop()
{
    // 계이름 배열의 크기를 구함
    int count=sizeof(note)/sizeof(int);
``` |
```

```
// 박자의 길이를 산정하는 변수
int  tempo=2000;
// 계이름 배열의 크기만큼 반복
for(int  i=0;i<count;i++)
{
    // 박자 계산
    int duration = tempo/noteDuration[i];
    // 쉼표가 아니면
    if(note[i]!=REST)
    {
        // 서보모터 움직일 각도 산출 및 각도 이동
        cal_locate(i);
        //tone함수를 통해 음계출력
        tone(BUZ,note[i],duration);
        //박자에 맞춰 소리유지
        delay(duration);
        noTone(BUZ);
        delay(50);
    }
    //쉼표이면
    else
    {
        //쉼표 길이만큼 지연
        delay(duration);
    }
}
```

음
계
에
따
라
이
동
각
도
를
계
산
하
는
프
로
그
램
코
드
	//프로그램 설명
	// 이동위치를 배열에 저장하는 프로그램과 마찬가지로 음악연주를
	// 위한 계이름은 note배열에 저장되고, 박자는 beat배열에 저장됨.
	// 계이름의 주파수를 이용하여 움직일 각도를 계산하도록 프로그램
	// 높은 음이면 초기위치 값에서 이동각도가 커지고, 낮은음이면
	// 초기 위치 값에서 이동각도가 작아짐.
	// 초기 위치 값에 해당하는 음계를 정한 후 (아래 프로그램에서는 "도"
	// 초기 위치값 음계는 연주되는 음악에 따라 변경하여 지정
	#include 〈Servo.h〉
	#include "frequency.h" // 음계 주파수를 저장하는 헤더파일로
	                // 각음계의 이름과 주파수를 지정하도록 직접 작성
	            // 예시) #define NOTE_A3 220
	#define LINIT 20 // 왼쪽서보모터의 초기 각도
	#define RINIT 160 // 오른쪽 서보모터의 초기각도
	//연주하는 노래에서 가장 낮음 음 지정
	#define LOW_NOTE NOTE_D4
	// 연주하는 노래에서 가장 높은 음 지정
	#define HIGH_NOTE NOTE_E5
	Servo act_servo[4]; //서보모터 사용을 위한 객체 저장 배열
	int servo_pin[4]={7,8,12,13};//서보모터 연결핀 좌상,좌하,우상,우하
	int BUZ=2; //부저 연결핀
	int move_locate[4]={0,0,0,0}; //움직일 각도 위치 저장 배열
	int prev_note=NOTE_D4; // 이진음계 지장 변수
	int init_angle[4]={LINIT,LINIT, RINIT,RINIT};//서보모터 초기각도
	int init_offset[4]={1,1,-1,-1}; //각도 변경을 위한 상대값
	//같음 음이 반복 되도 움직임을 만들기 위한 플래그 변수
	int equal_count=1;

```
// 계이름 저장 배열. 각 음계별 주파수는 frequency.h 헤더파일에
// 정의하여 놓아야 함
int note[51]={NOTE_D4, NOTE_B4, NOTE_A4, NOTE_G4,
          NOTE_D4, REST, NOTE_D4, NOTE_B4, NOTE_A4,
          NOTE_G4, NOTE_E4, REST, NOTE_E4, NOTE_C5,
          NOTE_B4, NOTE_A4, NOTE_FS4, REST, NOTE_D5,
          NOTE_D5, NOTE_C5, NOTE_A4, NOTE_B4, NOTE_G4,
          REST, NOTE_D4, NOTE_B4, NOTE_A4, NOTE_G4,
          NOTE_D4, REST, NOTE_D4, NOTE_B4, NOTE_A4,
          NOTE_G4, NOTE_E4, REST , NOTE_E4, NOTE_C5,
          NOTE_B4,NOTE_A4, NOTE_D5, NOTE_D5, NOTE_D5,
          NOTE_D5, NOTE_E5,NOTE_D5,NOTE_C5,NOTE_A4,
          NOTE_G4, REST };
// 각 음계별 박자를 저장하는 배열
//4는 1박자, 8은 1/2박자, 2는 2박자
float noteDuration[51]={8, 8,  8,  8,  3, 8,  8, 8,  8,  8,  3, 8,
                8, 8,  8,  8,  3, 8,  8, 8,  8,  8,  4, 8, 8,
                8, 8,  8,  8,  3, 8,  8, 8,  8,  8,  3, 8,
                8, 8,  8,  8,  6, 16, 8, 8,  8,  8,  8, 8, 3, 8};
void setup() {
  for(int i=0;i<4;i++)
  {
     act_servo[i].attach(servo_pin[i]); // 서보모터 활성화
  }
  init_servo();
  pinMode(BUZ,OUTPUT);
}
```

<table>
<tr>
<td>음계
에
따라
이동
각도
를
계산
하는
프로
그램
코드</td>
<td>

```
void init_servo() // 서보모터를 초기위치로 이동시키는 함수
{
  for(int i=0;i<4;i++) {
      act_servo[i].write(init_angle[i]); //서보모터 초기위치로 이동
  }
}
// 서보모터를 음계에 맞춰서 회전시키는 함수
void move_servo(int note)
{
  // map 함수를 이용하여 가장 낮음 음과 가장 높은음의 주파수
  // 차이 값을 서보모터 이동 각도인 0~60 사이의 값으로 매핑
  int move_offset=map(note,LOW_NOTE,HIGH_NOTE,0,60);
  for(int i=0;i<4;i++)
  {
      int move_angle;
      // 이동 각도 계산
      move_angle =init_angle[i]+init_offset[i]*move_offset;
      // 계산된 각도만큼 회전
      act_servo[i].write(move_angle);
  }
}
// 매개변수로 전달된 음계 값을 이용하여 서보모터 회전 각도를
// 계산하는 함수
void cal_locate(int cur_note)
{
  // 이전의 음계와 같은 음계가 반복 되면
  if(cur_note==prev_note) {
```

</td>
</tr>
</table>

음계에 따라 이동 각도를 계산하는 프로그램 코드	

```
    // 같은 음계가 반복되어도 움직임을 주기 위해, 같은 음계가
    // 연속적으로 나오면 현재 각도가 음계에 매핑된 각도인지
    //  파악하기 위해 equal_count 플래그 사용.
    // 1 이면 현재 서보모터의 각도는 전달된 음계에 해당하는 각도.
    // 0 이면 현재 서보모터의 각도는 반복된 움직임을 주기 위하여
    // 이동된 각도.
    // 서보모터의 각도가 전달된 음계에 해당하는 각도이면
    if(equal_count !=0)
    {
      // 초기 값과 현재 음계에 해당하는 각도의 중간각도로 이동
      move_servo(cur_note/2);
      equal_count=0; //초기위치로 이동 플래그를 0으로 저장
      return; // 서보모터 각도 조절이 완료 되었으므로 return
     }
    //  equal_count 플래그  1 증가
    equal_count++;
  }
  // 이전 음계와 다른 음계이면 해당 음계에 맞는 각도만큼 회전
  move_servo(cur_note);
  // 현재 음계 저장
  prev_note=cur_note;
}
void loop() {
  // 음계 배열의 크기를 구함
  int count=sizeof(note)/sizeof(int);
  // 박자의 길이를 산정하는 변수
  int tempo=2000;
```

Chap10. 프로젝트 활동   163

| 음계에 따라 이동 각도를 계산하는 프로그램 코드 | ```
// 계이름 배열의 크기만큼 반복
for(int i=0;i<count;i++)
{
    int duration = tempo/noteDuration[i];  // 박자 계산
    // 쉼표가 아니면
    if(note[i]!=REST) {
        //서보모터 이동 각도 산출 및 각도이동
        cal_locate(note[i]);
         //tone함수를 통해 음계출력
        tone(BUZ,note[i],duration);
        //박자에 맞춰 소리유지
        delay(duration);
        noTone(BUZ);
        delay(50);
    }
    //쉼표이면
    else {
        delay(duration);   //쉼표 길이만큼 지연
    }
}
``` |
| 프로젝트 확장 | 프로젝트를 실제 구현해보면 인형의 손과 발의 이동각도가 크면 움직이는 속도가 너무 빠른 것을 확인 할 수 있다. 이러한 움직임을 좀 더 부드럽게 해주는 방법으로 타임인터럽트를 사용해보자.
. 관련챕터 : 9.2.3 Timer 인터럽트 사용하기
. 참고사이트 : https://blog.naver.com/simjk98/221729846600 |
```

10.3 로드셀을 이용한 해머게임

구현 내역	로드셀, 스틱형 네오픽셀, 1602 LCD, 수동부저를 이용하여 미니 해머 게임 만들기
관련 챕터	5.3 아날로그 입/출력 함수를 이용한 조도센서 피아노 만들기 7.3 1602 LCD를 이용한 화면출력 7.4 로드셀 사용하기 7.5 네오픽셀 사용하기
준비 물	아두이노 나노, 나노IO확장보드, 1602LCD, 로드셀, HX711증폭기, 스틱형 네오픽셀, 수동부저모듈, 해머 프레임, 해머 망치

상세
구현
내역
	놀이공원의 해머게임의 소형 버전. 해머 망치로 가해지는 압력을 측정하여 힘의 등급을 정하고 그에 따라 LCD, 네오픽셀, 수동부저의 출력 값을 달리해서 표시하는 해머게임구현.
	❑ 게임 시작 전 로드셀을 초기화하여 기준값 설정.
	❑ 게임이 시작 가능하면 LCD에 "Ready" 표시하고 압력 값 변화 체크
	❑ 망치를 내려쳐서 압력차(압력을 가했을 때와 차이 값)가 기준치 이상 (여기서는 20g)이면 해머게임 시작.
	❑ 로드셀에 전달된 압력을 가져옴. 측정된 압력값 중 가장 큰 값을 저장하여 최종 결과 값으로 표시.
	❑ 결과값을 출력하기 전 뜸 들이는 동작 구현.
	  . 반복문을 통하여 스틱형 네오픽셀의 맨 아래 LED부터 맨 위쪽 LED를 켜고 끄기 반복.
	  . 수동부저를 이용하여 팩맨 음악 연주.
	❑ 로드셀에 가해진 압력을 등급별로 계산하여 네오픽셀에 등급 표시.
	 0~7등급으로 등급을 나눠 등급이 높을수록 네오픽셀의 LED 점등 개수가 늘어나도록 구현.
	❑ 등급별로 서로 다른 효과음 재생.
	❑ LCD 화면에 취득한 점수 표시.

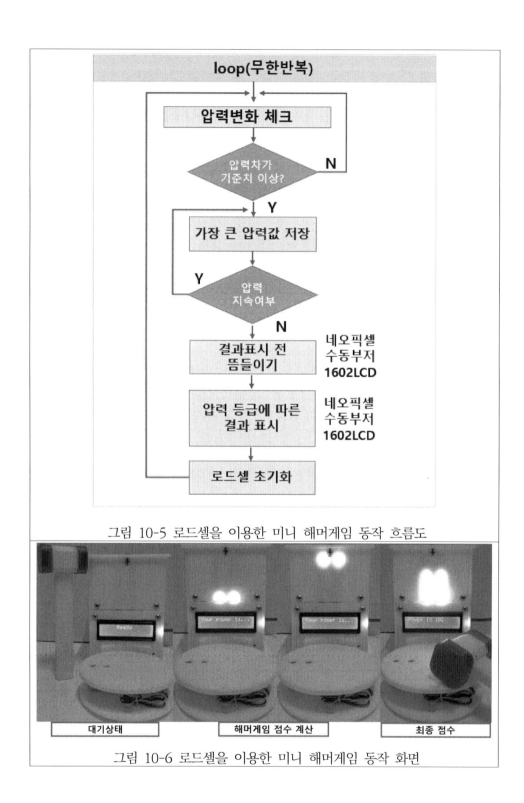

그림 10-5 로드셀을 이용한 미니 해머게임 동작 흐름도

그림 10-6 로드셀을 이용한 미니 해머게임 동작 화면

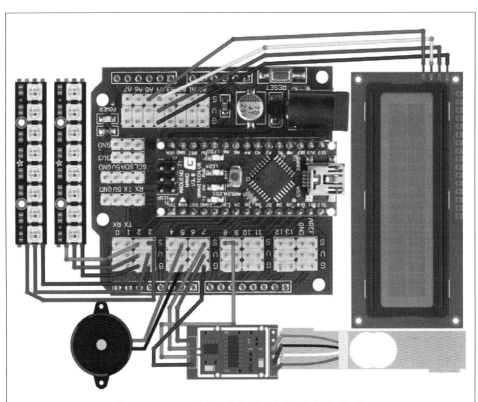

그림 10-7 로드셀을 이용한 미니 해머게임 회로도

프로
그램
코드
	#include "HX711.h" // 로드셀 증폭기 사용을 위한 헤더파일
	
	#include "frequency.h" // 음계 주파수를 저장하는 헤더파일
	　　　　　　　　　　　　// 각음계의 이름과 주파수를 지정하도록
	　　　　　　　　　　　　// 직접 작성
	
	#include 〈LiquidCrystal_I2C.h〉 //1602LCD 사용을 위한 헤더파일
	
	#include 〈Adafruit_NeoPixel.h〉
	
	#define NEO_PIN1　7　// 스틱형 네오픽셀을 7번핀에 연결
	
	#define NEO_PIN2　8　// 스틱형 네오픽셀을 8번핀에 연결
	
	#define NUMPIXELS 8 // 네오픽셀의 LED 개수
	
	#define BUZ 10 //수동부저 연결핀

| 프로<br>그램<br>코드 | ```
//스틱형 네오픽셀 2개를 사용하므로 네오픽셀 2개 제어를 위한
// 제어 객체 배열 생성
Adafruit_NeoPixel pixels[2] = {
                Adafruit_NeoPixel(NUMPIXELS, NEO_PIN1,
                              NEO_GRB+ NEO_KHZ800),
                Adafruit_NeoPixel(NUMPIXELS, NEO_PIN2,
                              NEO_GRB + NEO_KHZ800) };
// HX711 연결 핀
const int LOADCELL_DOUT_PIN = 5;
const int LOADCELL_SCK_PIN = 6;
LiquidCrystal_I2C lcd(0x27, 16, 2);  //1602LCD 제어 객체 생성
// 해머의 power 표시 전 대기 효과음 출력을 위한 음계 배열
int note[] = { NOTE_B4,  NOTE_B5, NOTE_FS5,  NOTE_DS5,
            NOTE_B5, NOTE_FS5,  NOTE_DS5, NOTE_C5,
            NOTE_C6,  NOTE_G6, NOTE_E6,  NOTE_C6,
            NOTE_G6,  NOTE_E6, NOTE_B4,   NOTE_B5,
            NOTE_FS5, NOTE_DS5,   NOTE_B5,
            NOTE_FS5, NOTE_DS5,  NOTE_DS5,  NOTE_E5,
            NOTE_F5,   NOTE_F5,   NOTE_FS5, NOTE_G5,
            NOTE_G5,  NOTE_GS5, NOTE_A5, NOTE_B5 };
HX711 scale; // 로드셀 데이터 수집을 위한 객체 생성
// 효과음 연주를 위한 박자를 저장하는 배열
float noteDuration[]= { 16,16,16,16,32,16,8,16,
                    16,16,16,32,16,8,
                    16,16,16,16,32,16,8,32,32,32,
                    32,32,32,32,32,16,8};
``` |
```

| 프로그램 코드 | ```
float init_scale_value=0.0; // 힘을 가하지 않았을 때의 로드셀 값
float hammer_power=0.0; // 측정 압력 초기화
// 로드셀의 초기 값을 설정한다.
void init_scale()
{
  lcd.clear(); // lcd 화면 클리어
  Serial.println("Initialize...");
  lcd.print("Initialize...");
  scale.read_average(50);    // 로드셀 데이터 수집
  scale.get_units(50);       // 로드셀 현재값 취합
  scale.set_scale(228.f);    // g단위로 압력값 환산
  scale.tare();              // 자체 중량 계산
  // 압력을 가하지 않았을 때의 로드셀 값 저장
  init_scale_value=scale.get_units(10);
}
// 수동부저 작동을 위한 함수. 주파수, 지속시간, 지연시간을 전달받음
void _tone (float noteFrequency, long noteDuration,
            int silentDuration)
{
    // 전달받은 주파수, 지속시간을 기준으로 tone 함수 호출
    tone(BUZ, noteFrequency, noteDuration);
    delay(noteDuration);
    noTone(BUZ);
    delay(silentDuration);
}
``` |
```

```c
// 반복문을 이용하여 음향효과를 내는 함수
void bendTones (float initFrequency, float finalFrequency,
        float prop, long noteDuration, int silentDuration)
{
    if(silentDuration==0){silentDuration=1;}
    if(initFrequency < finalFrequency)
    {
        for (int i=initFrequency; i<finalFrequency; i=i*prop) {
            _tone(i, noteDuration, silentDuration);
        }
    } else{
        for (int i=initFrequency; i>finalFrequency; i=i/prop) {
            _tone(i, noteDuration, silentDuration);
        }
    }
}
// 시작위치와 종료위치를 매개변수로 전달받아 음계배열 내에
// 소리를 내고 싶은 구간을 선택하여 소리를 출력하는 함수
void act_sound(int st_note, int en_note)
{
    int tempo=2000; // 박자의 길이를 산정하는 변수
    // 시작위치(배열 인덱스)부터 종료위치(배열인덱스)까지 소리 출력을
    // 위한 반복문
    for(int i=st_note;i<en_note;i++) {
        // 박자 계산
        int duration = tempo/noteDuration[i];
```

프로
그램
코드

```
        //쉼표가 아니면
        if(note[i]!=REST)  {
            // 음계 출력
            _tone(note[i],duration,50);
        }
        // 쉼표이면
        else {
            delay(duration);
        }
    }
}
// 로드셀로 측정된 힘의 강도에 따라 8등급으로 나누고 각 등급마다
// 서로 다른 효과음을 출력하기 위한 함수. 매개변수로 힘의 등급을
// 산정하여 전달
void result_sound(int level)
{
    // 측정된 힘의 등급에 따라 효과음 출력
    switch (level) {
        case 0:   // 힘 레벨1
            bendTones(100, 500, 1.04, 10, 10);
            delay(500);
            bendTones(400, 100, 1.04, 10, 1);
            break;
        case 1:
            bendTones(880, 669, 1.02, 20, 200);
            break;
```

```
case 2:
        bendTones(1000, 1700, 1.03, 8, 2);
        bendTones(1699, 500, 1.04, 8, 3);
        bendTones(1000, 1700, 1.05, 9, 10);
        break;
case 3:
        bendTones(700, 900, 1.03, 16, 4);
        bendTones(899, 650, 1.01, 18, 7);
        break;
case 4 :
    bendTones(880, 2000, 1.04, 8, 3);
    delay(200);
    for (int i=880; i<2000; i=i*1.04) {
        _tone(NOTE_B5,5,10);
    }
    break;
case 5:
        bendTones(1500, 2000, 1.05, 15, 8);
        delay(100);
        bendTones(1900, 2500, 1.05, 10, 8);
        break;
case 6 :
        bendTones(1500, 2500, 1.05, 20, 8);
        bendTones(2499, 1500, 1.05, 25, 8);
        break;
```

```
     case 7 :
         bendTones(2000, 6000, 1.05, 8, 3);
       delay(50);
         bendTones(5999, 2000, 1.05, 13, 2);
         break;
   }
}
void setup() {
  lcd.begin();
  // 로드셀 활성화
  scale.begin(LOADCELL_DOUT_PIN, LOADCELL_SCK_PIN);
  init_scale();     // 로드셀 초기화
  pixels[0].begin();  // 네오픽셀 0번 활성화
  pixels[1].begin();  // 네오픽셀 1번 활성화
  lcd.clear();
  lcd.print("      Ready");// 초기화가 완료되었으면 LCD에 준비표시
}
void loop() {
  lcd.home(); // lcd 출력 점을 맨 처음 위치로
  float reading = scale.get_units(5); // 로드셀 압력값 수집
  // 수집된 값과 초기 값의 차이가 20보다 크면(힘이 가해졌으면)
  if(abs(reading - init_scale_value) >20) {
      hammer_power = reading; // 수집된 값 저장
      // do while 반복문을 이용하여 초기 값보다 20g 이상의
      // 힘이 가해지면 가해진 힘의 크기를 읽어들인다.
      do {
          reading = scale.get_units(5);
```

| 프로<br>그램<br>코드 | ```
            // 새로 측정한 힘이 기존에 측정한 힘보다 크면
            if(reading > hammer_power) {
                // 새로 측정한 힘을 최대 힘으로 저장
                hammer_power = reading;
            }
        // 초기 값보다 20g 이상의 압력이 가해지면 반복문 수행
        }while(abs(reading - init_scale_value) >20);
        lcd.clear(); //LCD 화면 초기화
        lcd.print("Your power is...");
        // 효과음 배열의 크기를 구함
        int count=sizeof(note)/sizeof(int);
        int inc_sound=count/4; // 효과음 배열을 4등분으로 구분
        int st_sound=0;
        // 스틱형 네오픽셀의 LED를 번갈아 가면서 출력
        for(int i=0;i<4;i++){
            int var_color=255;
            //8개의 LED에 서로 다른 색깔을 아래쪽에서 위쪽으로 출력
            for(int j=0;j<8;j++){
                // 네오픽셀 2개를 순차적으로 동작
                for(int u=0;u<2;u++) {
                    pixels[u].clear();
                    // i와 j값에 따라서 다른 색을 출력
                    pixels[u].setPixelColor(j,255,var_color-i*10-j*5,0);
                    pixels[u].setBrightness(100);
                    pixels[u].show();
                }
            delay(50+10*i);
``` |
```

프로
그램
코드
	<pre>}
	// 효과음 출력. 전체 효과음 배열의 1/4 출력
	act_sound(st_sound,st_sound+inc_sound);
	//8개의 LED에 서로 다른 색깔을 위쪽에서 아래쪽으로 출력
	for(int k=7;k>=0;k--) {
	    for(int u=0;u<2;u++) {
	        pixels[u].clear();
	        pixels[u].setPixelColor(k,var_color-i*10-k*5,255,0);
	        pixels[u].setBrightness(100);
	        pixels[u].show();
	    }
	    delay(50+10*i);
	}
	 // 효과음 출력. 전체 효과음 배열의 1/4 출력
	act_sound(st_sound+inc_sound,st_sound+inc_sound*2);
	st_sound =(i==1)?0:st_sound+inc_sound*2;
	}
	lcd.clear();
	lcd.print("POWER IS ");
	int max_pow;
	if(hammer_power > 150) { // 가해진 힘이 150이 넘으면
	    max_pow=7; // 최고등급으로 지정
	}
	else{
	    // 그렇지 않으면 힘의 크기에 따라 0~6등급으로 지정
	    max_pow=map(hammer_power,0,150,0,6);
	}</pre>

```
        pixels[0].clear(); // 네오픽셀 0번 LED 모두 끔
        pixels[1].clear(); // 네오픽셀 1번 LED모두 끔
        // 획득한 힘의 등급에 따라 네오픽셀 LED를 켠다.
        // 7등급이면 LED를 모두 켜고 0등급이면 하나만 켠다.
        for(int l=0;l<=max_pow;l++) {
            for(int u=0;u<2;u++) {
                pixels[u].setPixelColor(l,255,255-l*32-1,0);
                pixels[u].setBrightness(100);
                pixels[u].show();
            }
            delay(500);
        }
        lcd.print(int(hammer_power)); // 측정된 힘의 크기를 출력
        // 힘의 등급에 따라 효과음 출력
        result_sound(max_pow);
        delay(5000);
    }
    // 가해진 힘의 크기가 초기 값과 20 이상 차이가 나지 않으면
    else {
        for(int u=0;u<2;u++) { // 네오픽셀 초기화
            pixels[u].clear();
            pixels[u].show();
        }
        lcd.clear();
        lcd.print("    Ready");
    }
}
```

10.4 지문인식센서를 이용한 금고 만들기

구현 내역	등록된 지문인 경우에만 금고문이 열리고 금고문을 닫으면 금고가 자동 으로 잠기는 금고 구현
관련 챕터	5.1 아날로그 입력센서 사용하기 6.2 서보모터 사용하기 7.7 지문인식센서 사용하기
준비 물	아두이노 나노, 아두이노 나노 IO확장쉴드, 지문인식센서(FPM10A), 조도센서 모듈, 수동부저, 서보모터(SG90), 금고부품(금고손잡이, 금고 걸쇠, 걸쇠고정대), 금고프레임

상세
구현
내역
	❑ 금고문은 다음의 2가지 조건을 만족하였을 때만 개방한다.
	
	  . 지문인식센서에서 감지된 지문이 등록된 지문과 일치.
	
	  . 금고의 상태 값이 닫힘(CLOSE)로 되어 있는 경우.
	
	❑ 금고문은 다음의 2가지 조건을 만족하였을 때만 잠근다.
	
	  . 조도센서 데이터 수집 값이 기준값보다 어두운 상태로 3초 이상 유지 시.
	
	  . 금고의 상태 값이 열림(OPEN)으로 되어 있는 경우.
	
	❑ 서보모터에 피니언 기어를 연결하여 서보모터가 열림 각도와 닫힘 각도로 회전 시 금고문이 개방되고 잠길 수 있도록 프로그램한다.
	
	❑ 서보모터의 회전에 의하여 금고문을 개방하고 잠그기 위하여 래크와 피니언 기어를 활용한다.
	
	❑ 문이 닫혀 있을 때의 조도센서의 기준값은 setup 함수 내에서 조도센서 값을 취합하여 기준값을 산정한다.(기준값 산정을 위하여 금고가 닫혀있는 상태로 아두이노에 전원을 공급하여야 한다.)
	
	❑ 지문인식센서에서 감지된 지문이 등록된 지문이 아닌 경우에는 수동부저를 이용하여 사이렌을 울리도록 하여 비인가 된 접근을 알린다.
	
	❑ 금고동작을 위해서는 사전에 지문인식센서에 금고를 개방할 수 있는 지문을 등록하여야 한다.

| 금고잠김상태 | 금고문개방 |

그림 10-8 지문인식 금고

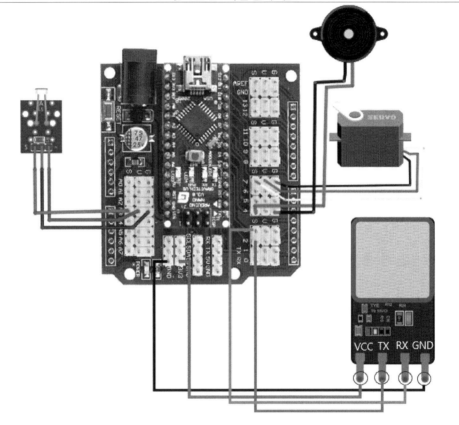

그림 10-8 지문인식 금고 회로도

프로 그램 코드	#include 〈SoftwareSerial.h〉 //지문인식센서와 통신을 위한 헤더파일
	#include 〈Servo.h〉 //금고의 걸쇠를 움직이기 위한 서보모터
	#include 〈Adafruit_Fingerprint.h〉//지문센서 사용을 위한 헤더파일
	#define SERVO_PIN 7 //서보모터 핀 지정
	#define BUZZER 4 // 수동부저 핀 지정

프로
그램
코드
	``
	#define OPEN 1 // 금고문이 열려있을 때의 상태 값
	
	#define CLOSE 0 //금고문이 닫혀 있을 때의 상태 값
	
	#define CLOSE_DOOR 150 // 금고 문을 닫았을 때 서보모터 각도
	
	#define OPEN_DOOR 10 // 금고 문을 열었을 때 서보모터 각도
	
	//2번핀에 지문센서 Tx, 3번핀에 지문센서 Rx를 연결하여 소프트웨어
	
	// 시리얼을 이용하여 UART 통신 수행하기 위한 객체 생성
	
	SoftwareSerial mySerial(2, 3);
	
	//지문센서 사용을 위한 객체 생성
	
	Adafruit_Fingerprint finger = Adafruit_Fingerprint(&mySerial);
	
	int open_flg; //문 개방상태 플래그
	
	// 문이 닫힌 후 경과된 시간 저장 변수
	
	unsigned long close_door_time=0;
	
	Servo tServo; //서보모터 제어를 위한 객체 생성
	
	int cds_close; //문이 닫혔을 때의 조도센서 값을 저장하기 위한 변수
	
	// 통신오류, 알 수 없는 오류 등의 오류 발생 개수를 저장하는 변수.
	
	// 연속적으로 발생한 오류 횟수가 10회를 넘을 시 금고문 개방
	
	int err_cnt=0;
	
	//지문센서 초기화 함수
	
	void init_finger()
	
	{
	
	  finger.begin(57600); //지문센서 활성화
	
	  while(1) {지문센서가 연결될 때 까지 무한 반복
	
	    if (finger.verifyPassword()) //지문센서가 인식되면
	
	    {
	
	        Serial.println("Found fingerprint sensor!");
	
	        err_cnt=0;
	
	        break; // 지문이 인식되면 while 반복문을 빠져나감
	``

프로
그램
코드

```
            } else { //지문센서가 인식되지 않으면
                Serial.println("Did not find fingerprint sensor :(");
                err_cnt++; // 에러 카운트 증가
            }
            if(err_cnt > 10) {  //지문센서 초기 연결에 실패시 문을 개방
                act_siren(); // 사이렌을 울리기
                handle_servo(OPEN_DOOR); // 문 개방
                open_flg=OPEN; //금고문 개방상태 플래그 열림으로 변경
                close_door_time=0;
                err_cnt=0;
            }
        delay(100);
    }
}
void setup() {
    Serial.begin(9600);
    pinMode(BUZZER,OUTPUT); //부저 연결핀을 출력핀으로 지정
    finger.begin(57600); // 지문인식센서와 통신할 속도 지정
    init_finger(); // 지문인식센서 연결
    digitalWrite(BUZZER,0); // 부저 소리 끄기
    //초기 기동 시에는 금고문 개방하도록 설정
    handle_servo(OPEN_DOOR);
    int cds_init_sum=0;
    //조도센서 임계치 산정을 위하여 문이 닫혔을 때 조도센서 값 취합
    for(int i=0;i<5;i++) {
        cds_init_sum+=analogRead(A3);
    }
```

| 프로그램 코드 | ```
    //문이 닫혀 있을 때의 조도센서 기준치 산정
    cds_close=cds_init_sum/5-80;
    open_flg=OPEN; // 금고문 개방상태 플래그를 열림으로 저장
}
//서보모터 각도를 조절하여 문을 열고 닫는 함수
void handle_servo(int angle)
{
    tServo.attach(SERVO_PIN); //서보모터 활성화
    tServo.write(angle);
    delay(200);
    tServo.detach();
}
//등록되지 않은 지문이 들어왔을 때 사이렌을 울리는 함수
void act_siren()
{
    for(int freq = 150; freq <=1800; freq = freq + 2) {
        tone(BUZZER, freq, 10);
        delay(5);
    }
    for(int freq = 1800; freq <=150; freq = freq - 2) {
        tone(BUZZER, freq, 10);
        delay(5);
    }
    digitalWrite(BUZZER,0);  // 수동부저 off
}
``` |
|---|---|
```

```
void loop()
{
  //지문인식센서에 지문감지 체크 및 등록지문 여부 확인함수 호출
  uint8_t ret=getFingerprintIDez();
  int cds_value= analogRead(A3); //조도센서 값 읽어오기
   //등록되지 않은 지문이 인식되면
  if(ret==FINGERPRINT_NOTFOUND) {
     Serial.print("Not Exist ");
     act_siren(); // 사이렌 발생함수 호출
  }
  // 등록된 지문이고 문이 닫혀 있으면 금고문 개방
  else if(ret==FINGERPRINT_OK&&open_flg==CLOSE) {
      //금고문 개방하도록 서보모터 각도 조절
      handle_servo(OPEN_DOOR);
      open_flg=OPEN; // 문 개방 플래그를 열림으로 지정
      close_door_time=0; // 문 닫힘시간 체크 변수 초기화
      err_cnt=0; // 에러카운트 초기화
  }
  // 지문인식센서로 통신오류 코드를 받으면
  else if(ret!= FINGERPRINT_NOFINGER) {
          err_cnt++; // 에러카운트 증가
  }
  // 금고가 열려있는 상태에서 문이 닫히면
  if(open_flg==OPEN && cds_value > cds_close) {
     if(close_door_time==0) { //금고 닫힘시간이 0이면
        close_door_time=millis(); //금고 닫힘시간에 현재시간 저장
     }
```

```
        else{    // 금고 닫힘시간이 저장되어 있으면
            unsigned long cur_time;
            cur_time=millis(); //현재 시간을 가져옴
        //현재시간과 비교하여 문이 닫힌 지 3초가 지났으면
        if(cur_time-close_door_time > 3000){
            //금고를 닫도록 서보모터 각도 조절
            handle_servo(CLOSE_DOOR);
            open_flg=CLOSE;
          }
        }
    }
    else { 금고문이 열린 상태에서 문이 닫힌 경우가 아니면
      close_door_time=0; // 문닫힘시간 변수 초기화
    }
    //통신이 10회 이상 지속적으로 안 되면 문을 개방
    if(err_cnt > 10) {
        act_siren(); // 사이렌 함수 호출
        handle_servo(OPEN_DOOR); //금고문 개방
        open_flg=OPEN;
        close_door_time=0;
        err_cnt=0;
     }
    delay(50);
}
```

| 프로<br>그램<br>코드 | ```
//지문센서에 지문이 인식되면 등록된 지문인지를 체크하는 함수
int getFingerprintIDez() {
    uint8_t p = finger.getImage(); // 지문이미지를 가지고 온다.
  switch (p) {
    case FINGERPRINT_OK://지문이미지를 정상적으로 가져왔으면
        Serial.println("Image taken");
        break;
    case FINGERPRINT_NOFINGER: //지문이 인식되지 않으면
        return p;                  // 함수 종료
    case FINGERPRINT_PACKETRECIEVEERR: //통신오류 발생시
        Serial.println("Communication error");
        err_cnt++; // 에러카운트 증가 후
        return p; // 함수종료
    case FINGERPRINT_IMAGEFAIL: // 이미지 오류가 발생시
        Serial.println("Imaging error");
        return p; // 함수 종료
    default: // 지문이미지를 가지고 오지 못했으면
        Serial.println("Unknown error");
        return p;  // 함수 종료
  }
  // 지문이미지데이터의 특성을 파악하여 변환수행
  p = finger.image2Tz();
  switch (p) {
    //이미지 변환이 완료되면 다음단계 진행
    case FINGERPRINT_OK:
        Serial.println("Image converted");
        break;
``` |
```

| 프로
그램
코드 | // 이미지 변환이 완료되지 않은 경우 에러메시지 출력 후
 // 함수 종료 |

```
      // 이미지 변환이 완료되지 않은 경우 에러메시지 출력 후
     // 함수 종료
      case FINGERPRINT_IMAGEMESS:
        Serial.println("Image too messy");
        return p;
      case FINGERPRINT_PACKETRECIEVEERR:
        Serial.println("Communication error");
        err_cnt++; // 통신오류 발생 시 에러카운트 증가
        return p;
      case FINGERPRINT_FEATUREFAIL:
        Serial.println("Could not find fingerprint features");
        return p;
      case FINGERPRINT_INVALIDIMAGE:
        Serial.println("Could not find fingerprint features");
        return p;
      default:
        Serial.println("Unknown error");
        return p;
  }
// 변환된 지문데이터 특성과 동일한 특성을 가진 지문이 있는지 검색
  p = finger.fingerFastSearch();
  // 동일한 지문이 있으면 다음단계진행
  if (p == FINGERPRINT_OK) {
      Serial.println("Found a print match!");
  }
```

프로
그램
코드
	``
	    // 통신 오류면 에러카운트 증가 후 함수 종료
	    else if (p == FINGERPRINT_PACKETRECIEVEERR) {
	        Serial.println("Communication error");
	        err_cnt++;
	        return p;
	    // 동일한 지문이 없으면 함수 종료
	    } else if (p == FINGERPRINT_NOTFOUND) {
	        Serial.println("Did not find a match");
	        return p;
	    }
	    // 그 외에 통신 오류 등의 오류가 발생하면 에러메시지 출력 후
	    // 함수 종료
	    else {
	      Serial.println("Unknown error");
	      return p;
	    }
	    // 동일한 지문이 있으면 유사도를 시리얼 모니터에 출력
	    Serial.print("Found ID #"); Serial.print(finger.fingerID);
	    Serial.print(" with confidence of ");
	    Serial.println(finger.confidence);
	    return FINGERPRINT_OK;
	}
	``

금고 동작 순서	위의 프로그램을 업로드하여 금고를 동작시키기 전에 금고 문을 개방할 수 있는 지문을 등록하여야 한다. 지문 등록을 위한 enroll 프로그램은 "7.7 지문인식 센서 사용하기"를 참고.

INDEX